W0196994

BERNHARD GRAF

Heilen mit
Edelsteinen

➤ Die wichtigsten Heilsteine und ihre Wirkungen
➤ Wie Sie Ihre persönlichen Steine auswählen
➤ Heilenergie verstärken mit Wasser, Sonne & Mond

Inhalt

Ein Wort zuvor

Der blutrote Rubin symbolisiert das Feuer der Liebe; der Saphir die
Tiefen des Ozeans; der Smaragd die geheimnisvolle Schönheit eines
Waldsees; der Diamant dagegen gleicht dem klaren Wasser eines Ge-
birgsbaches, ist geschliffen das funkelnde Abbild einer Sternennacht.
Es sind nicht nur die Kostbarkeit und die Schönheit der Edelsteine,
die uns bezaubern. Vor allem ihre heilende Wirkung auf Körper und
Seele begeistert seit Menschengedenken. Nicht nur die klassischen
vier Edelsteine, auch die Mineralien von Achat bis Zoisit besitzen eine
starke Heilkraft. Ein schützender Rosenquarz am Arbeitsplatz,
ein belebender Hämatit oder ein beruhigender Chrysokoll als Schmuck
am Körper getragen oder in die Hosentasche gesteckt, lassen Lärm,
Computerstrahlen, Müdigkeit oder Streß vergessen.

Edelsteine lassen sich im Alltag vielfältig einsetzen: Sie schaffen durch
ihre Schönheit und Ausstrahlung eine behagliche Umgebung zu Hause
und sorgen für mehr Wohlbefinden, Ausgeglichenheit und Konzentration. Und sie dienen, ergänzend zur Medizin, zur Vorbeugung und
Linderung unterschiedlichster Krankheiten – zum Beispiel wenn Sie
mit den Steinen meditieren, sie auf die betroffenen Körperstellen auflegen oder einige Tropfen Edelsteinessenz zu sich nehmen.

Mit diesem Buch möchte ich Ihnen die Geheimnisse der heilenden
Edelsteine vermitteln, damit Sie schnell und einfach ihre Heilkraft
erkennen und nutzen können. Sie erfahren, wie die Edelsteine auf
Körper und Seele wirken, wie Sie sie auswählen, reinigen, aufladen
und bei welchen Beschwerden Ihnen welche Steine Hilfe bieten.
Ich wünsche Ihnen viel Freude beim Eintauchen in die wunderbare
Welt der Mineralien und Kristalle, beim Entdecken Ihrer Lieblings-
steine und bei der praktischen Anwendung der Heilsteine.

Dr. Bernhard Graf

Die Magie der Edelsteine

Schon im alten China, in Ägypten, Griechenland und im Römischen Reich wurden Edelsteine als Glücksbringer und als Heilmittel bei Beschwerden und Krankheiten eingesetzt. Im frühen Mittelalter befaßte sich auch Hildegard von Bingen mit der Heilkraft der Steine und schrieb ihre Erkenntnisse für die Nachwelt nieder. Zu allen Zeiten faszinierten und überzeugten die Edelsteine durch ihre Schönheit und Kraft. Wie sie entstehen, warum sie auf Körper und Seele wirken und welche Rolle dabei Licht und Farben, Mineralien und Spurenelemente spielen, erfahren Sie im folgenden Kapitel.

Die Entstehung der heilenden Steine

Unsere Erde bestand ursprünglich aus einer Gaswolke, die sich zu einem Nebel aus Staubpartikeln, dann zu einem Feuerball verdichtete. Der blaue Planet setzte sich aus einer ungeheuer heißen Schmelze zusammen. Daran hat sich bis heute nichts Wesentliches geändert. Allein die abgekühlte, sehr dünne Erdkruste verdeckt heute das flüssige, mehrere tausend Grad Celsius heiße Erdinnere, das Magma. Dazu gehören der zweischichtige Erdmantel sowie der äußere und innere Erdkern. In der Nähe des Erdmittelpunkts ist die Gesteinsschmelze am wärmsten und damit auch leichter als die etwas kühleren Magmaströme, die sich weiter vom Kern entfernt bewegen. Dadurch drängt die heißeste Gesteinsschmelze vom Erdmittelpunkt weg und steigt in den Bereich des inneren und äußeren Erdmantels empor. Bisweilen durchbrechen sie die erkaltete Erdkruste. Diese Bewegung der Magmaströme wird durch Geysire und Vulkanausbrüche sichtbar, wenn kochend heißes Wasser oder glühend heiße Lava austreten.

Das Innere unseres Planeten

Mineralien und Gesteine

Die Erdkruste ist zwar Millionen Jahre alt, sie verändert sich aber noch immer. Kontinente heben und senken sich, Wind und Wasser tragen Staub und Gestein ab und schichten es an anderen Stellen wieder auf. Auch Mineralien bilden sich noch heute überall auf der Welt. Sie entstehen nur so langsam (die meisten brauchen Tausende bis Hunderttausende von Jahren), daß wir ihr Wachsen nicht bemerken. Zurecht sind sie als »Lebewesen« anzusehen. Wie Tiere oder Menschen sind sie dem Lebensrhythmus unterworfen. Sie wachsen, sie bilden sich zurück, sie lösen sich auf. Wenn Sie ein Mineral in der Hand halten, sollten Sie immer daran denken, daß Sie keine tote Materie berühren. Die Steine leben, sie strahlen aus und spenden uns ihre heilsame Schwingungsenergie (Seite 12). Der Abkühlungsprozeß des Magmas geht seit Jahrmillionen in den oberen Erdschichten vor sich. Einzelne Bestandteile des Magmas, die infolge der Abkühlung nicht mehr

Steine sind dem Lebensrhythmus unterworfen

im gelösten Zustand gehalten werden können, beginnen sich nach und nach abzusondern. Während dieser Abtrennung kann ein Nährboden zur Ausbildung von Kristallen entstehen. Dabei läßt sich feststellen: Je länger der Abkühlungsprozeß dauert, desto größer werden die einzelnen Kristalle. Handelt es sich bei den Absonderungen um chemisch und physikalisch einheitliche Bestandteile, die fest oder kristallisiert gestaltet sind, spricht man von einem Mineral. Mehrere Mineralien zusammen bilden dann ein Gestein (Seite 20).

Magmatite

Gesteine und Mineralien, die sich direkt aus dem Magma durch Abkühlung und Erstarrung entwickeln, nennen die Mineralogen Magmatite. Sie setzen sich zum einen aus den Vulkaniten zusammen, die an der Erdoberfläche ihre letzte Gestalt erhalten, und zum anderen aus den Plutoniten. Diese entstehen in der Tiefe der Erde und werden nach Pluto, dem Gott der antiken Unterwelt, benannt.

Bei Vulkanausbrüchen wird die Bewegung der Magmaströme unter der Erdkruste sichtbar.

Vulkanite

Vulkanite bestehen meist aus feinkörnigen Substanzen und bilden nur winzige Kristalle aus. Oder ihnen fehlt der kristalline Aufbau, ein Hinweis auf die abrupte Abkühlung der Lava im eiskalten Wasser. Obsidiane sind zum Beispiel solche Vulkanite ohne kristallinen Struktur.

Plutonite

Die Plutonite hingegen entwickeln sich zu verschiedenen Zeitpunkten in den tieferen Regionen des Erdinneren: Einerseits läßt sich eine Bildung von Plutoniten aus flüssigem

Magma bei einer Hitze zwischen 700 °C und 1100 °C unter sehr hohem Druck beobachten – das Ergebnis ist zum Beispiel der Rosenquarz (Seite 69) – andererseits bilden sich Plutonite auch durch das Eindringen von Dämpfen und Gasen aus dem Magma in ein Nebengestein. Dieser Entstehungsprozeß findet beispielsweise bei Topasen und Turmalinen statt (Seite 74/75). Zum dritten besteht auch die Möglichkeit, daß sich im Wasser Stoffe lösen, falls die Temperatur unter 357 °C sinkt. Zu dieser Kategorie der Plutonite zählen etwa die Heilsteine Fluorit (Seite 54) und Mondstein (Seite 64). Schließlich finden sich auch Plutonite, in deren Hohlräume statt Magma Minerallösungen mit geringerer Dichte fließen, die im Laufe der Zeit verdampfen und genügend Raum zur Ausbildung von Kristallen bieten. So entstehen Achate, Amethyste, Bergkristalle und Chalcedone (Seite 42, 43, 46, 49).

Dämpfe und Gase dringen aus Magma in Nebengesteine ein

Sedimente

Bestimmen Faktoren wie Druck, Hitze oder Geschwindigkeit der Abkühlung das Aussehen der Magmatite, so lassen sich bei den Sedimenten andere Entstehungsprozesse beobachten: Zunächst lösen sich durch Erosion, durch Sonne und Hitze, Kälte und Frost, Wasser und Wind kleine Splitter vom Ursprungsgestein. Rinnsale, Bäche und Flüsse führen diese mit sich und lagern sie in stehenden Gewässern ab.

Der Coelestin gehört zur Gruppe der Sedimente. Das heißt, er bildete sich durch Ton-, Kalk- oder Gipsablagerung.

Diesen Vorgang bezeichnet man als Sedimentation. So entstehen Edelsteine wie Calcit (Seite 48) und Pyrit (Seite 68). Heilsteine wie Azurit, Chrysokoll, Malachit oder Türkis (Seite 46, 50, 64, 74) jedoch entwickeln sich durch Oxidation. Das heißt, in die entstandenen Ritzen des Ursprungsgesteins dringt Oberflächenwasser ein, das Sauerstoff, Kohlendioxid und Säuren mit sich führt. Dadurch erfolgt eine Gesteins- und Mineralienauflösung im Bereich der betroffenen Stellen. Unterhalb des Grundwasserspiegels läßt sich die sogenannte Zementation beobachten. Hier reduziert sich das Stoffgemisch zu einem chemischen Element, wie Kupfer oder Silber. Ein typisches Beispiel ist der Kupfer-Chalcedon.

Metamorphite

Die auf dem flüssigen Magma schwimmende Erdkruste setzt sich aus Schollen und Platten zusammen, die durch das Aufsteigen und Absinken der Magmaflüssigkeit ineinander verschoben werden. Dabei verbinden sich oftmals Gesteine oder Mineralien unter Druck und Hitze mit dem Magma, ohne mit diesem zu verschmelzen, ein Vorgang der Gestaltverwandlung, der Metamorphose. Bei diesem Vorgang wird zwischen einer Regionalmetamorphose, dem Absinken von Gestein und Mineral in die Magmaflüssigkeit, und der Kontaktmetamorphose, dem Aufsteigen des Magmas und seiner sich anschließenden Verbindung mit Mineralien und Gestein an der Erdoberfläche, unterschieden. Zur ersten Kategorie gehören die Heilsteine Granat, Jade und Zoisit (Seite 56, 60, 77). Zur zweiten zählen Rubin und Saphir. Erfolgt noch ein Stoffaustausch mit dem umliegenden Gestein, so spricht man von Metasomatose. So entstehen die Heilsteine Rhodonit und Tigerauge (Seite 70, 73).

Steine bilden sich auch durch Metamorphose

Sedimentation: Abgelöste Steinsplitter werden von Wasser mitgeführt und abgelagert.

Unser Körper: empfänglich für Schwingungsenergie

Es ist physikalisch bewiesen, daß alle Materie – auch scheinbar unbelebte wie Holz, Metall oder Stein – aus Energie und Schwingung besteht. Deshalb sind wir in unserem Alltag stets positiven, negativen oder neutralen Schwingungen ausgesetzt. Negative Schwingungen verursachen in uns Unruhe, Nervosität und Streß, positive dagegen wirken beruhigend und ausgleichend. Da der menschliche Organismus sehr sensibel und durchlässig ist, kann er leicht über seine Energiezentren, auch Chakren genannt (Seite 14), von außen beeinflußt werden. Gerade diese Eigenschaft bildet die Grundlage, um Heilsteine vorbeugend und helfend einsetzen zu können.

Alle Materie besteht aus Schwingungen

Jeder Edelstein wirkt über mehrere Energieformen auf Körper und Seele: Je nachdem, welche nur ihm eigene Schwingungsenergie er besitzt, welche Farbe er hat, welche Mineralien und Spurenelemente in ihm enthalten sind und nach welcher Kristallstruktur er aufgebaut ist, sendet er eine andere heilende Energie aus. Auf die einzelnen Energieformen werde ich ab Seite 16 eingehen, zunächst möchte ich Ihnen beschreiben, wie wir diese Schwingungsenergie der Steine überhaupt wahrnehmen.

Unsere Sinne

Alle Schwingungen, positive wie negative, wirken über objektive und subjektive Sinne sowie über die Intuition (auch »siebter Sinn« genannt) auf uns.

Die objektiven Sinne

Objektive Sinne kann man abschalten

Zur ersten Gruppe gehören die Sinne Riechen, Schmecken, Sehen, Hören und Fühlen. Sie können durch unsere Sinnesorgane Nase, Zunge, Augen, Ohren und Finger kontrolliert werden. So können wir die Augen schließen, uns die Ohren und die Nase zuhalten oder die Finger zurückziehen.

Die subjektiven Sinne

Ganz anders verhält es sich mit der zweiten Gruppe, mit den subjektiven Sinnen. Man versteht darunter hochsensible Nervenzentren, sogenannte Chakren, die wir nicht kontrollieren können. Auf jedes Chakra reagiert eine Drüse, die die empfangene Schwingungsenergie verarbeitet und an die Nerven und Organzellen weitergibt. Dazu gehören das Inselorgan der Bauchspeicheldrüse, die Eierstöcke oder Hoden, die Thymusdrüse, die Nebenschilddrüse, die Schilddrüse, die Hypophyse und die Nebenniere. Chakren sind Sinnesorgane, die alle Eindrücke von außen an den Hauptenergiekanal in die Nähe der Wirbelsäule weiterleiten. Der Hauptenergiekanal steht wiederum über Nervenfasern, den sogenannten Meridianen, mit den Organen in Verbindung. Mit Hilfe der Energiefasern und dem Nervenhauptkanal gelangen die Informationen schließlich an das endokrine oder vegetative Nervensystem. Durch das endokrine Nervensystem werden die chemischen Prozesse der Organe, des Gewebes und der Zellen gesteuert. Dies geschieht mit Hilfe von Enzymen und Hormonen. Dagegen reguliert das vegetative Nervensystem den Herzschlag und die Atmung. Die Chakren sind die energetischen Eingangstore unseres Körpers. Sie prägen unser Dasein, bestimmen unsere seelischen und physischen Lebensumstände. Mit Hilfe der richtigen Mineralien können sie gestärkt und harmonisiert werden.

Subjektive Sinne sind nicht zu kontrollieren

Die Intuition

Wir verfügen auch über einen siebten Sinn, den Endpunkt der menschlichen Evolution und verbliebener Rest des Instinkts von Tieren. Die Intuition, die Fähigkeit, Zukünftiges zu erahnen, unbekannte Sachverhalte einzuschätzen, fremde Personen einzustufen, wird heute, im Zeitalter der Fakten, Daten und Zahlen häufig unterschätzt. Die Möglichkeit, sich gefühlsmäßig richtig zu entscheiden, wird nicht wahrgenommen. Hinterher, wenn die Realität die innere Stimme bestätigt, bemerken wir häufig »Das habe ich geahnt. Ich hatte dabei von Anfang an ein schlechtes Gefühl«. Wir sollten auch diese Sinnesebene unbedingt ernst nehmen, denn sie kann unser Leben bereichern. Viele Edelsteine wie Amethyst (Seite 43) und Saphir (Seite 71) haben die Eigenschaft, diesen siebten Sinn zu stärken.

Vertrauen zum siebten Sinn aufbauen

Die Chakren

Seele und Körper lassen sich über die Chakren beeinflussen. Wir kennen sieben Hauptchakren, die bestimmte Eigenschaften besitzen. Sie sind über die passenden Mineralien gut zu erreichen und zu beeinflussen.

Das Basischakra steht für Urvertrauen

● Das erste Chakra findet sich im Schambereich zwischen Anus und Genitalien. Es wird als Basis- oder Wurzelchakra bezeichnet und ist direkt mit der Nebennierenrinde und den Keimdrüsen (Eierstöcke, Hoden) verbunden. Das Basischakra reguliert den Blutzuckerspiegel, Eiweißstoffwechsel und Zellaufbau. Ihm zuzuordnen sind Dünn- und Enddarm, die Wirbelsäule und die Geschlechtsorgane. Zusätzlich ist das Wurzelchakra für die Potenz und Fortpflanzungsfähigkeit verantwortlich. Hier ist auch unser Durchsetzungsvermögen, unsere Lebenskraft, Standfestigkeit, Erdverbundenheit und unser Urvertrauen verankert. Störungen verursachen Erschöpfung, Darmstörungen und Unzufriedenheit. Das Wurzelchakra steht für das Leben an sich, ihm sind die Planeten Mars, Saturn und Pluto zugeordnet und die Farbe rot.

Das Bauchchakra fördert Lebensfreude

● Unterhalb des Bauchnabels liegt das Bauch-, Milz-, Sakral- oder Kreuzchakra. Dieses bezieht sich auf die Drüsen des Nebennierenmarks, die Blase, die Lymphe und auch die Geschlechtsorgane. Ebenso werden von hier aus die Ausscheidungsfunktionen des Körpers gesteuert, so daß hier Reinigungs- und Entgiftungsprozesse angeregt werden können. Zudem fördert das Bauchchakra die Erotik, aber auch Ausdauer, Kreativität, Erfolg und Lebensfreude. Ein blockiertes Sakralchakra bedingt Schlaf- und Darmstörungen sowie Unterleibsbeschwerden. Das Bauchchakra ist dem Mond zugewiesen und der Farbe orange.

Das Solarplexuschakra stärkt die Durchsetzungskraft

● Unterhalb des Brustbeines, im Bereich des Oberbauches, befindet sich das Sonnengeflechts- oder Solarplexuschakra. Von hier aus wird das vegetative Nervensystem gelenkt und die Organe Bauchspeicheldrüse, Leber, Milz, Gallenblase, Nieren und der Magen beeinflußt. Das Chakra fördert Persönlichkeitsentfaltung, Ausgeglichenheit, Durchsetzungskraft und Nahrungsverwertung über die Verdauungsorgane. Störungen im Bereich dieses Chakras äußern sich in der Unterfunktion der Stoffwechselorgane, in Niedergeschlagenheit, Unwohlsein und Lustlosigkeit. Das Chakra ist der Sonne und der Farbe gelb zugeordnet.

● Zwischen den beiden Brustwarzen wirkt das Herzchakra. Durch seine zentrale Position verbindet dieses die unteren Chakren, die vorwiegend auf der körperlichen Ebene wirken, mit den oberen, die den

Körper seelisch beeinflussen. So unterstützt das Herzchakra die Verbindung von Körper, Geist und Seele und fördert eine geistige Entwicklung zu einem höheren Bewußtsein. Es kontrolliert den Blutkreislauf, die Thymusdrüse und das Immunsystem. Herz und Lunge versorgt es mit Energie. Hier befindet sich das Zentrum der Gefühle, der Poesie, Treue und Lebensfreude. Ein blockiertes Herzchakra zieht Gefühllosigkeit und Resignation nach sich. Es steht mit der Sonne und der Venus in Verbindung und hat die Farbe grün.

Das Kehlchakra steuert die Kommunikation

● Im Bereich des Kehlkopfs sitzt das Hals-, Kehl- oder Kommunikationschakra. Es hilft unsere Gedanken und Gefühle in Worte zu fassen, unsere Bewegung zu steuern. Es versorgt die Schilddrüse und Stimmbänder, die Luft- und Speiseröhre, den Lungen- und Kieferbereich, ist über die Schilddrüse auch für den Stoffwechsel verantwortlich und beeinflußt damit unseren Gemütszustand. Fehlfunktionen verursachen Krankheiten in der Region der Ohren, des Halses und der Bronchien. Verbunden ist dieses Chakra mit den Planeten Merkur, Venus und Uranus und der Farbe hellblau.

Die Lage der sieben Chakren und ihre Farben.

● In der Mitte der Stirn, oberhalb der Nasenwurzel, wirkt das Stirnchakra oder dritte Auge auf die Hypophyse, das Zentrum unseres Drüsensystems, und kontrolliert alle Drüsen. Es reguliert die Funktion der Augen, Ohren, Stirn- und Nebenhöhlen, aber auch des Kleinhirns. Dieses Chakra bringt uns auf den Weg zu einem höheren Bewußtsein. Störungen führen zu Kopflastigkeit und übertriebenem Rationalismus. Es unterliegt den Planeten Neptun und Uranus und hat die Farbe dunkelblau.

Kronenchakra: Verbindung zum Kosmos

● Am Kopf findet sich das Scheitel- oder Kronenchakra. Von hier aus wird die Zirbeldrüse angeregt, die das Wachstum und die Geschlechtsreife beeinflußt. Hier entsteht kosmisches und ganzheitliches Bewußtsein. Blockiert verursacht es einen Energiestau, die Ursache für Kopfschmerzen und Migräne. Das Scheitelchakra ist dem Himmelszelt gewidmet, seine Farbe ist violett.

Die Heilkraft der Edelsteine

Edelsteine wirken über ihre individuelle Schwingungsenergie, die Schwingungsenergie ihrer Farben, über ihre Inhaltsstoffe und ihren kristallinen Aufbau auf den menschlichen Organismus.

Die Schwingungsenergie

In der traditionellen chinesischen Medizin ist man der Auffassung, daß jedes innere Organ mit einem oder mehreren Punkten auf der Hautoberfläche mittels des vegetativen Nervensystems verbunden ist. Über diese Stellen auf der Haut kann das betroffene Organ direkt angesprochen und stimuliert werden. Bei der Akupunktur erfolgt die Reizung durch eine oder mehrere Nadeln. Ähnlich verhält es sich auch in der Heilsteinkunde. Statt durch einen Stich bringt ein auf die Haut aufgelegter Heilstein durch seine Schwingungsenergie über das vegetative Nervensystem das jeweilige Organ ins Gleichgewicht und beseitigt so die Beschwerden. Wie Magnetismus läßt sich die Schwingungsenergie der Heilsteine nicht sehen, aber fühlen. Vielleicht wird es einige Zeit dauern, bis Sie diese spüren können. Jeder Heilstein besitzt eine andere Schwingungsenergie. Die einen wirken abrupt und stark, die anderen sanft und langsam, die dritten intensiv und lang anhaltend. Je länger Sie sich aber mit dieser Materie auseinandersetzen, um so mehr nehmen Sie die Kräfte der Steine wahr und um so sensibler wird auch Ihr Körper diese aufnehmen.

Parallelen zur Akupunktur

Die Farben der Edelsteine

Die Farben, unsichtbar in Form von Licht gebündelt oder regenbogenartig mittels eines Prismas gebrochen, dringen als energetische Wellen mit unterschiedlicher Frequenz in unseren Körper ein. Die Sinne und Chakren empfangen sie und geben sie den hochsensiblen Nervenfasern weiter. Über Energiekanäle gelangen die Wellen schließlich in alle Be-

Farben werden von den Chakren aufgenommen

reiche unseres körperlichen und geistigen Daseins. Die aus der wissenschaftlich anerkannten Licht- und Farbtherapie gewonnenen Erkenntnisse sind auch in der Heilsteinkunde von großer Bedeutung. Die heilende Schwingungsenergie der Farbe kann besonders einfach an den Körper abgegeben werden, wenn Sie die Steine nach ihrer farblichen Zuordnung auf das entsprechende Chakra legen – also zum Beispiel einen Citrin auf das Solarplexuschakra, dem die Farbe Gelb zugeordnet ist oder einen Malachit auf das Herzchakra, dem die Farbe Grün entspricht. Natürlich wirkt die Heilenergie der Farbe aber auch an einer anderen Stelle.

Licht- und Farbtherapie: wissenschaftlich anerkannt

Farben und ihre Bedeutung

● Die farblosen Heilsteine (**Diamant**, Bergkristall, Herkimer-Diamant) fördern in uns Wohlbefinden, Klarheit, Vollkommenheit, kosmisches und ganzheitliches Bewußtsein. Sie wirken besonders über das Kronen- und Scheitelchakra.

Farblose Steine fördern geistige Klarheit

● Gelbe Mineralien (**Feueropal**, Bernstein, Citrin, gelbe Jade, gelber Jaspis, Imperialtopas, Tigerauge) entfalten, auf das Sonnengeflechts- oder Solarplexuschakra ausgerichtet, ihre größte Wirkung. Sie unterstützen Kontaktfreude und heitere Lebensauffassung. Außerdem mildern sie Beziehungsängste.

● Für Ausgeglichenheit, Ruhe, Besonnenheit und Entspannung sorgen orange Heilsteine (**Aventurin**, Carneol). Sie wirken sehr sanft auf Körper und Seele ein. Die Information der orangen Steine empfängt das Sakral- oder Bauchchakra besonders gut.

● Rosarote Edelsteine (**Rosenquarz**, Rhodonit, Rhodochrosit) stehen für Sanftmut. Sie erwecken in uns Empfindsamkeit, Zärtlichkeit und Liebe und fördern die Sensibilität für Schönheit, Wärme und Harmonie. Ihre Schwingungsenergie geben sie besonders gut an das Herzchakra weiter.

Rosa Steine stärken Sanftmut und Liebe

● Rote Mineralien (**roter Jaspis**, Granat, Hämatit, roter Turmalin, Rubin) spenden Vitalität, Energie und Lebenskraft. Sie schenken Zielstrebigkeit, Beständigkeit und Erotik und wirken besonders auf das Basis- oder Wurzelchakra.

● Grün symbolisiert die Hoffnung und den Neuanfang. Steine (**Chrysopras**, Malachit, Smaragd) dieser Farbe fördern Flexibilität und inneren Frieden. Wie die rosaroten Mineralien entfalten sie ihre Kraft am besten über das Herzchakra.

● Den Drang nach Freiheit und Abenteuer, nach Unternehmungslust und Aufgeschlossenheit, nach Kommunikation und Bewegung unterstützen hellblaue Heilsteine (**Türkis**, Aquamarin, Chalcedon, Coelestin). Sie werden in erster Linie vom Hals- oder Kehlchakra wahrgenommen.

● Im Gegensatz dazu stimmen dunkelblaue Mineralien (**Lapislazuli**, Azurit, blauer Turmalin, Saphir) uns auf das höhere Sein und auf die Achtung menschlicher Würde ein. Diese Informationen empfängt das Stirnchakra oder das dritte Auge.

● Die Schwingungsenergie violetter Heilsteine (**Sodalith**, Amethyst) inspiriert unsere Seele, wirkt befreiend und fördert zugleich besonders über das Scheitel- und Kronenchakra Hingabe und Bindungsbedürfnisse.

● Schließlich nehmen schwarze Mineralien (**Falkenauge**, Obsidian, Onyx) die gesamte Lichtenergie in sich auf. Sie fördern Konzentration, Perfektion und Zielbewußtsein, mildern aber auch eingefahrenes und einseitiges Denken. Über das Bauch- oder Sakralchakra geben sie am intensivsten ihre Schwingungsenergie an uns ab.

Mineralstoffe und Spurenelemente

Die Mineralstoffe und Spurenelemente der Heilsteine spielen neben der Schwingungsenergie und den energetischen Wellen der Heilstein-farben die dritte entscheidende Rolle.

Wie im menschlichen Organismus befinden sich in den Steinen chemische Elemente. In unserem Körper sind diese Mineralien und Spurenelemente wichtige Bausteine, ohne die wir nicht leben könnten. Beispiele für lebensnotwendige Elemente sind Calcium, Jod, Eisen, Mangan, Magnesium und Natrium. Spurenelemente wie Silicium, Fluor, Zink, Chlor und Zinn gehören zu den funktionsunterstützenden bzw. -fördernden Elementen.

Die Mineralstoffe bewirken ein gesundes Wachstum und einen geregelten Blutdruck, sichern unser Säure-Basen-Gleichgewicht, steuern die Hormone und Enzyme und unterstützen die Sauerstoffaufnahme und unseren Stoffwechsel. Sie sichern sogar die hochkomplizierten sowie sensiblen Funktionen des Nervensystems.

Heilsteine, die mehrere Spurenelemente enthalten und in Form von Schwingungsenergie an uns abgeben, haben eine besonders starke Wirkung. Dazu gehören beispielsweise Smaragd, Calcit, Apophyllit, Lapislazuli und Fluorit:

Steine	Spurenelemente
Smaragd	Aluminium, Beryllium, Kalium, Chrom, Lithium, Natrium, Sauerstoff und Silicium
Calcit	Blei, Calcium, Eisen, Kobalt, Magnesium, Mangan und Strontium
Apophyllit	Eisen, Fluor, Kalium, Natrium und Silicium
Lapislazuli	Aluminium, Natrium, Schwefel und Silicium
Fluorit	Calcium, Chlor und Fluor

Wenn Sie unter Mangelerscheinungen an Spurenelementen leiden, sehen Sie bitte in der Tabelle auf Seite 80–85 nach. Dort steht bei jedem Spurenelement der dazugehörige Stein, der Ihnen weiterhelfen kann.

Die Kristallstrukturen

Edelsteine sind unterschiedlich aufgebaut. So gibt es verschiedene Kristallstrukturen, die unterschiedliche Schwingungsenergien bilden. Diese erzielen innerhalb der ganzheitlichen Ausstrahlungskraft des Steins eigene Wirkungen. Ein Extrafall sind amorphe Steine.

Rhombisches Kristallsystem

Rhombische Steine helfen bei innerer Leere

Diese Edelsteine wirken der inneren Haltlosigkeit und Leere, dem übertriebenen Anlehnungsbedürfnis gegenüber einem Partner entgegen und mildern so Fremdbestimmung und Verstimmungen.

Heilsteine: Topas.

Trigonales Kristallsystem

Mineralien mit dreieckigem Kristallsystem mildern Oberflächlichkeit und Gleichgültigkeit, fördern Einfühlungsvermögen.

Heilsteine: Amethyst, Bergkristall, Calcit, Citrin, Magnesit, Rauchquarz, Rhodochrosit, Rubin, Saphir, Turmalin.

Kubisches Kristallsystem

Heilsteine mit kubischen (würfelförmigen) Kristallen helfen, festgefahrene Lebenssituationen zu verlassen, fördern Flexibilität, Spontaneität, Empfindungskraft und Selbstreflektion.

Kubische Steine fördern Spontaneität

Heilsteine: Diamant, Fluorit, Granat, Lapislazuli, Magnetit, Pyrit.

Triklines Kristallsystem

Heilsteine mit trikliner Kristallstruktur gleichen Stimmungsschwankungen, Passivität, Opferhaltung und Mißtrauen aus.

Heilsteine: Amazonit, Cyanit, Labradorit, Rhodonit, Türkis.

Monoklines Kristallsystem

Monokline Mineralien beseitigen Unbeständigkeit, Rastlosigkeit und Beeinflußbarkeit. Sie kräftigen das Selbstwertgefühl und helfen bei Entscheidungsproblemen und Resignation.

Heilsteine: Azurit, Jade, Malachit, Mondstein.

Tetragonales Kristallsystem

Tetragonale Steine führen zu mehr Offenheit

Edelsteine dieses Kristallsystems bauen unsere Fassade ab und helfen, sich den Menschen gegenüber offen zu zeigen. Damit verhindern sie innere Einsamkeit und Niedergeschlagenheit.

Heilsteine: Apophyllit, Hyazinth.

Hexagonales Kristallsystem

Hexagonale Edelsteine mildern Erschöpfungen, Ungeduld, Hektik und Streß, schenken Ruhe, Offenheit und Sinnerfüllung.

Heilsteine: Aquamarin, Smaragd.

Extrafall: Amorphe Strukturen

Manche Heilsteine hatten keine Möglichkeit, Kristalle auszubilden. Die Ursache liegt entweder in ihrer Entstehung (siehe Vulkanite Seite 9) oder weil zuviele unterschiedliche Grundelemente zusammengefunden haben. Diese Mineralien weisen eine amorphe (griechisch: gestaltlos) Struktur auf.

Edelsteine mit amorphem, das heißt kristallosem Aufbau, fördern Spontaneität und Kreativität. Sie mildern Aggressivität, Destruktivität und Apathie.

Amorphe Steine fördern die Kreativität

Heilsteine: Bernstein, Obsidian, Opal.

Von Auswahl, Pflege & Heilwissen

Wo kaufe ich am besten einen Heilstein? Welcher Stein ist in welcher Situation der richtige für mich? Welche Wege führen zu meinem Schutzstein? Welche Anwendungsmöglichkeiten gibt es? Wie pflege und reinige ich meine Edelsteine, wie lade ich sie mit Energie auf? Wie stelle ich Edelsteinelixiere her?
Die Antworten auf diese und viele andere Fragen zum praktischen Umgang mit heilenden Steinen finden Sie im folgenden Kapitel.

Erwerb, Aufbewahrung und Reinigung

Tips für den Einkauf

Sie können Ihre Heilsteine in Mineralien- und Schmuckläden, in Edelstein- und Esoterikgeschäften, beim Juwelier oder in Buchläden erwerben. Auch größere Kaufhäuser und Gartencenter unterhalten zunehmend Abteilungen mit einem umfangreichen Steinsortiment. Die größte Auswahl jedoch haben Sie auf den weit verbreiteten Mineralienbörsen. Dort stellen Sammler und Großhändler ihre umfangreiche Auswahl an Steinen zum Verkauf aus. Die Entscheidung, wo Sie Ihre Heilsteine erwerben, richten Sie am besten nach Ihrem Gefühl.

Entscheiden Sie sich nach Gefühl

TIP!

In erster Linie sollte beim Kauf nicht der Preis entscheidend sein. Nicht auf den Wert des Heilsteins kommt es an, sondern ob er Sie weiterbringt und ob er mit Ihrem Innern kommuniziert.

▶ Kaufen Sie dort, wo Sie sich wohlfühlen, wo man Sie gerne und gut berät, wo Sie den Stein, der Ihnen zusagt, anfassen dürfen und wo Sie das Gefühl haben, daß man mit den Heilsteinen fürsorglich und vorsichtig umgeht. Dies zeigt sich an der Art, wie die Mineralien präsentiert werden, in welchem Zustand sie vor Ihnen liegen.

Auswahl an künstlichen und echten Diamanten: Als Laie erkennt man keinen Unterschied.

▶ Falls Sie nicht sicher sind, fragen Sie bei Ihrem Händler immer nach, ob Sie einen echten Stein in der Hand halten oder ob dieser auf künstliche Weise aus Glas oder Plastik hergestellt wurde. Ein seriöser Verkäufer wird Ihnen eine ehrliche Auskunft über das Produkt geben: Ob es sich um ein Imitat handelt, eine Dublette, bei der nur eine dünne Edelsteinschicht aufgeklebt ist, oder eine Triblette, bei der eine Edelsteinschicht zwischen zwei künstlich hergestellte, durchsichtige Schichten eingeklebt ist.

Nur bei seriösen Händlern kaufen

▶ Wenn es sich um Schmuck handelt, sollten Sie sich den Stein hinsichtlich seiner Verarbeitung, Oberflächenbeschaffenheit und Zeichnung ansehen, denn diese Qualitätskriterien bestimmen den Preis. Achten Sie bei Kugelketten darauf, daß die hineingebohrten Löcher gerade und sauber gebohrt sind, die Größe der einzelnen Kugeln identisch ist. Auch die Qualität der einzelnen Steinkugeln der Kette sollte einheitlich hoch sein.

▶ Bisweilen werden auch falsche Namen angegeben, um wertvollere Steine zu suggerieren. So wird beispielsweise ein aus schlechtem Amethystmaterial gebrannter Citrin häufig als Goldtopas verkauft.

Schöner Name – und nicht viel dahinter

▶ Nehmen Sie den Stein, der Ihnen gefällt, in die Hand, prüfen Sie zunächst in Ruhe seine Qualität:

Ist er ohne Kratzer, abgebrochene Spitzen, sonstige Verletzungen?

▶ Halten Sie ihn eine Weile fest und achten Sie darauf, wie er sich anfühlt. Edelsteine, die Ihnen gut tun, erwärmen sich schnell in der Hand. Steine, die kühl bleiben, haben keine große Wirkung auf Sie. Manchmal ist die Schwingungsenergie (Seite 16) des Steins so stark, daß Sie ein Kribbeln oder ein Pochen in Ihrer Hand spüren können. Vielleicht entscheiden Sie aber auch spontan, vertrauen Ihrem guten Gespür und befassen sich erst zu Hause genauer mit dem Stein.

WICHTIG

Echter oder »verbesserter« Stein?
● Manche Händler meinen die Natur noch verbessern zu können und färben die Heilsteine sogar mit künstlichen Farben. Das ist an den kleinen Spalten der Steine zu erkennen, die die Farben in konzentrierter Weise aufgenommen haben und dunkler erscheinen. Dies läßt sich vor allem bei Achaten, Lapislazulis, Rosenquarzen und Rubinen feststellen.

● Durch Hitzebehandlung läßt sich die Farbintensität etwa von Rauchquarzen, blauen Topasen, Turmalinen intensivieren, womit diese teurer verkauft werden können.

Die verschiedenen Verarbeitungsformen

Edelsteine besitzen ganz unterschiedliche Verarbeitungsformen:

● Es gibt Rohsteine, die ganz in ihrer ursprünglichen Form belassen wurden oder nur eine polierte Seite besitzen.

Hand-schmeichler werden rundpoliert

● Trommelsteine dagegen, auch Handschmeichler genannt, werden in Schleiftrommeln rundpoliert. Sie sind leichter in die Hand zu nehmen und fühlen sich sanft und angenehm an. Durch die glatte Oberfläche zeigt sich die Zeichnung und die Farbenpracht des jeweiligen Heilsteins. Besonders deutlich läßt sich das bei einem Labradorit beobachten, da erst im geschliffenen Zustand sein ganzes Farbspektrum sichtbar wird.

● Falls Sie die Heilwirkung der Edelsteine mit Eleganz verbinden wollen, ist der Kauf eines Anhängers, einer Brosche, einer Kette oder eines Ringes genau das Richtige.

Obelisken und Kugeln: Dekoration und Heil-mittel

● Geschliffene Formen wie Kugeln, Pyramiden, Obeliske oder Tierfiguren eignen sich wiederum für viele Zwecke: um zu meditieren, für einen Steinkreis (Seite 27), aber auch wenn Sie die Heilwirkung eines Steines mit einer dekorativen Raumgestaltung verbinden wollen.

Anwendungsformen

Direkter Hautkontakt sorgt für bessere Wirkung.

Die Entscheidung für die richtige Steinform fällt Ihnen leichter, wenn Sie sich überlegen, für welchen Zweck Sie den Heilstein verwenden möchten.

▶ Falls Sie einen Heilstein nur mit sich führen wollen, ist die Verarbeitungsform eher zweitrangig. Rohsteine sind ebenso geeignet wie Handschmeichler.

▶ Anders bei direktem Hautkontakt mit dem Edelstein, der so eine noch intensivere Wirkung besitzt. Zu diesem Zweck eignen sich Anhänger, Ketten, Donuts (Steinscheibe mit einem Loch in der Mitte) und Trommelsteine oder Handschmeichler.

▶ Wenn Sie die Edelsteine auch auf ein bestimmtes Chakra auflegen wollen, müssen Sie auf ihr Gewicht achten, damit Sie es während der Anwendung als angenehm empfinden. Zusätzlich sollten Sie sich für ein flaches Exemplar entscheiden, damit es stabil auf der vorgesehenen Körperregion aufliegen kann.

▶ Eine weitere Verwendungsmöglichkeit ist das Aufstellen des Heilsteins in Ihrer Umgebung. Um hier eine Heilwirkung zu erzielen, sollten Sie sich für größere Exemplare entscheiden, so daß der Heilstein das energetische Feld beeinflussen und verändern kann. Nur dann können sich Ihr Denken, Handeln und Ihre Empfindung ändern und Ihr körperlicher und seelischer Zustand verbessern.

Für große Räume eignen sich große Steine

▶ Wenn Sie Steine suchen, um einen Steinkreis zu bilden – einfach um deren positive Schwingungsenergie aufzunehmen oder um darin zu meditieren – sollten Sie folgendes beachten: Die Steine sollten sich in etwa 15 cm Abstand von Ihrem Körper und in etwa 20 cm Abstand zueinander befinden. Zu diesem Zweck eignen sich Rohsteine genauso wie Trommelsteine, die sich aus Kostengründen vielleicht eher anbieten.

▶ Sie können Heilsteine auch zum Herstellen von Edelsteinelixieren (ab Seite 36) einsetzen. Achten Sie beim Einkauf darauf, daß der Stein die richtige Größe hat, um ihn in eine entsprechend große Glasschale legen zu können. Je nach chemischer Zusammensetzung geben die Heilsteine ihre Mineralstoffe in größerer oder kleinerer Menge an das Wasser oder die alkoholische Flüssigkeit ab. Beim Magnesit zum Beispiel läßt sich bald ein erheblicher Gewichtsverlust bemerken. Deshalb sollten Sie zu diesem Zweck weniger wertvolle, kleinere Steine kaufen (weitere Tips zu Edelsteinelixieren ab Seite 36).

Kleinere Steine für Edelsteinelixiere wählen

Die Anwendungsformen sind so unterschiedlich wie Ihre Bedürfnisse. Wenn es nur ums Wohlfühlen geht, umgeben Sie sich einfach mit Steinen in Ihrer Wohnung oder tragen Sie sie um den Hals, am Finger oder in der Hosentasche – wie es Ihnen gefällt und guttut. Haben Sie Beschwerden, wählen Sie den Edelstein ganz analytisch nach seiner Heilwirkung aus, etwa über das Indikationenregister oder die Tabelle mit Spurenelementen (ab Seite 80). Oder sehen Sie bei den einzelnen Steinen von A–Z nach, welcher Stein welche Wirkung hat (ab Seite 42). Dort ist auch beschrieben, auf welches Chakra er besonders wirkt und wie lange Sie ihn anwenden sollten.

Aufbewahrung

Sicher werden Sie für den Heilstein einen Ort in Ihrer unmittelbaren Umgebung suchen, so daß er für jede Art der Anwendung verfügbar ist: zur Meditation, zur Einbindung in einen Steinkreis, zur Beruhigung Ihres Schlafes, zur Abschwächung der Strahlen Ihres Computers oder zur Dekoration.

Wenn Sie nicht ständig mit dem Abstauben der Heilsteine beschäftigt sein wollen, wäre es überlegenswert, sich eine kleine Vitrine zuzulegen. Sie verhindern allerdings damit die Wirkung der Heilsteine auf Ihre Räumlichkeiten. Das Fensterbrett, obgleich die Sonne die Edelsteine durch ihr

Licht vollkommen zur ästhetischen Entfaltung bringt, eignet sich nicht als Aufbewahrungsort, denn so manche Edelsteine wie Rosenquarz, Türkis, Amethyst, Opal und Topas leiden unter den Sonnenstrahlen, verlieren ihre Farbintensität und verblassen. Besonders gefährlich sind Bergkristallkugeln am Fenster, denn sie wirken bei Sonneneinstrahlung wie Linsen und können darunter- oder dahinterliegende Gegenstände durch das gebündelte Licht entzünden.

Rosenquarze schützen vor Computerstrahlen – müssen aber regelmäßig gereinigt werden.

Steine nicht aufs Fensterbrett legen

Reinigen und Entladen

Äußere Reinigung

▶ Zunächst sollten Sie zur äußeren Reinigung der Heilsteine einen Pinsel verwenden, um den angesammelten Staub zu entfernen.

▶ Falls eine gründliche Reinigung mit lauwarmen Wasser notwendig werden sollte, setzen Sie mineralarmes Wasser ein, um häßliche Wasserränder und Kalkablagerungen zu vermeiden. Sie sollten auch bedenken, daß vor allem eisenhaltige Mineralien auf das Wasser reagieren und zu rosten beginnen, ein Beispiel dafür ist der Heilstein »Magnetit«.

Nur mineralarmes Wasser verwenden

Energetische Reinigung

Neben der äußeren Reinigung sollten Sie die Heilsteine auch energetisch säubern. Das heißt, wenn Sie seine Schwingungsenergie nutzen, um ihre Kopfschmerzen loszuwerden oder ihn bei einer unangenehmen Situation als seelische Unterstützung bei sich haben, nimmt er die negativen Energien auf und muß später davon gereinigt werden. Die Entladung kann auf unterschiedliche Weise erfolgen:

Reinigen mit Wasser

▶ Lassen Sie kühles Wasser so lange über Ihren Stein laufen, bis Sie ein gutes Gefühl haben und lassen Sie ihn dann an der Luft trocknen.

Reinigen mit Steinen und Salz

▶ Eine wirkungsvolle Reinigung erreichen Sie auch, wenn Sie den Heilstein auf eine Amethyst-Druse legen, zwischen Hämatit-Trommelsteine oder in Salz. Damit löschen Sie alle Informationen, die eine weitere Anwendung in Frage stellen könnten. Im schlimmsten Fall kann der Heilstein nämlich auch die Schwingungsenergien von Krankheiten gespeichert haben.

Heilsteine können Krankheitsenergien speichern

WICHTIG

Bitte reinigen Sie Ihre Steine nie mit Putzmitteln und Haushaltsreinigern, denn diese können eventuell Ihrem Heilstein schaden.

● Mit der Amethyst-Druse entscheiden Sie sich für die sanfteste Methode. Enthaltene Eisenpartikel und die Kulmination der Energie im Amethyst löschen binnen eines Tages die unerwünschten Informationen Ihres Heilsteins. Die im Amethyst verteilten Eisenpartikel helfen andere Heilsteine zu entladen. Sie durchbrechen die negativen Energiefelder der »benutzten« Heilsteine. Wenn Sie sie länger in der Druse liegen lassen, schadet es auch nicht.

Amethyste löschen alle unerwünschten Informationen innerhalb eines Tages

● Auch bei Hämatit-Trommelsteinen helfen Eisenpartikel die negativen Energiefelder zu sprengen. Die Trommelsteine sind in Form kleinster Splitter erhältlich.

▶ Geben Sie drei bis vier Hände voll Splitter in ein Gefäß, diese reichen aus, um auch größere Steine zu entladen. Die Hämatitsplitter müssen den zu reinigenden Heilstein auch nicht komplett umschließen. Sie sollten ihn nur gut zwischen die Hämatit-Splitter einbetten.

Entscheiden Sie nach Gefühl, welche Reinigungsart für Ihren Stein die beste ist.

● Salz jedoch müssen Sie entschieden vorsichtiger einsetzen, denn bisweilen leitet es chemische Prozesse ein und greift die Oberfläche Ihres Heilsteins an. Er verliert so seinen Glanz. Besonders Opale werden durch dieses Verfahren geschädigt.

▶ Um eine chemische Reaktion zu vermeiden und dennoch eine vollständige Reinigung durchzuführen, geben Sie das Salz in eine große Schale, in die Sie wiederum einen kleinen, mit Wasser gefüllten Glasbehälter stellen, in den Sie den Heilstein legen. Auf diese Weise kann das Salz, ohne direkt mit dem Mineral in Verbindung zu kommen, trotzdem seine reinigende Wirkung entfalten.

▶ Bei weiterer Verwendung sollten Sie das mineralarme Wasser immer wechseln. Das Salz jedoch können Sie über einen längeren Zeitraum verwenden. Die Reinigungszeit bei dieser Anwendung ist vergleichsweise kurz. Nach vier bis sechs Stunden ist jegliche negative Information gelöscht. Länger aber sollte diese Methode nicht angewendet werden. Sie vermindert sonst die Schwingungsenergie Ihres Heilsteins.

Nur vier bis sechs Stunden mit Salz reinigen

Reinigen im Rauch

▶ Zünden Sie ein Stäbchen mit Ihrem Lieblingsduft an und halten Sie den Stein ein paar Minuten in den aufsteigenden Rauch. Drehen Sie ihn dabei hin und her, so daß ihn der Rauch überall umfließen kann. Dabei stellen Sie sich ganz intensiv vor, wie mit dem Rauch alles Negative, Fremde herausgelöst, mitgenommen und quasi »in Luft aufgelöst« wird.

▶ Sie können, wenn Sie Räucherkohle, getrocknete Kräuter wie Salbei, Zeder oder Lavendel – und vor allem tolerante Mitbewohner besitzen auch ein großes Räucher-Ritual durchführen:

»Großes« Räucher-Ritual

▶ Setzen Sie dazu die Räucherkohle (gibt es in Esoterikläden und manchmal auch in Kerzenfachgeschäften) auf einen feuerfesten Untergrund. Besonders schön ist ein Kupferkessel oder eine große Muschel, wie sie bei indianischen Räucherungen gerne benutzt wird, aber eine Tonschale tut es auch. Zünden Sie die Kohle an, warten Sie bis sie glüht, und legen Sie dann die getrockneten Kräuter darauf. Die Rauchentwicklung ist um einiges intensiver als beim Räucherstäbchen – der Geruch natürlich dementsprechend auch. So ein »großes Räuchern« hat allerdings auch eine intensivere Wirkung und eignet sich gut, um mehrere Steine gleichzeitig zu reinigen. Fächeln Sie dazu mit der Hand oder mit einer Feder den Rauch über die Steingruppe, die Sie reinigen wollen.

Das Aufladen

Nach der Reinigung Ihrer Heilsteine müssen diese wieder aufgeladen werden. Dazu können Sie Ihre Steine den kräftigen Strahlen der Sonne oder dem sanften Licht des Mondes aussetzen. Amethyste, Rosenquarze, Topase, Türkise und Opale bitte nur ins Mondlicht legen, bei allen anderen Steinen können Sie nach Gefühl entscheiden, was für sie besser ist.

Nicht alle Steine dürfen ins Sonnenlicht

● Am wirkungsvollsten ist es, die Steine schon zwei Nächte vor Vollmond auf den Balkon oder die Fensterbank zu legen. So haben sie drei Nächte Zeit, sich aufzuladen und Energie zu speichern. Wenn Sie die Steine in die Sonne legen, sind Morgen- und Abendsonne ideal.

● Zum Aufladen eignen sich auch Bergkristalle ausgezeichnet:

▶ Legen Sie Ihren Stein in die Mitte eines Bergkristalles, deren Spitzen Sie auf Ihren Stein ausrichten. Oder nehmen Sie kleinste Bergkristall-Trommelsteine, die in Tütchen hundertgrammweise zu kaufen sind. Geben Sie diese in eine Glasschale und legen Sie Ihren Stein hinein, so daß er eingebettet oder – noch besser – ganz umschlossen ist.

Der Bergkristall stellt die Schwingungsenergie wieder her

Den richtigen Stein finden

Wenn Sie eine kleine Edelstein-auswahl beisammen haben, können Sie nun Ihre ganz persönlichen Heil- und Schutzsteine bestimmen. Setzen Sie dazu Ihre mentalen Kräfte ein, die in jedem von uns vorhanden sind.

Der intuitive Zugang

Vertrauen Sie Ihrem Gefühl. Ihr eigener Körper ist der beste Arzt. Bei einer Meditation wird er Ihnen zeigen, was ihm fehlt.

Die richtige Vorbereitung treffen

● Ziehen Sie sich bequem an, dimmen Sie das Licht, schalten Sie eine Entspannungsmusik ein und breiten Sie die Heilsteine, die Sie besitzen, vor sich aus. Legen Sie sich hin, entspannen Sie, vergessen Sie die alltäglichen Sorgen.
● Konzentrieren Sie sich mit geschlossenen Augen auf Ihren Körper. Erspüren Sie von den Spitzen Ihrer Zehen bis zu den äußeren Enden Ihrer Finger die einzelnen Körperteile und beenden Sie Ihre Meditation am obersten Bereich Ihres Kopfes.
● Sagen Sie immer wieder zu sich: »Ich bin ganz ruhig«. »Ich lasse alle Last von mir abfallen«. »Ich bin mit meinem Körper ganz eins«.

Der Seelenstein

▶ Wenn Sie das Gefühl haben, ganz entspannt zu sein, setzen Sie sich aufrecht hin und konzentrieren sich auf die vor Ihnen ausgebreiteten Heilsteine. Überlegen Sie nicht lange, welche Steine Sie vor sich liegen haben, welche Wirkungen ihnen zugeschrieben werden, welchen Namen sie tragen. Lassen Sie Ihren Blick darüber kreisen und greifen Sie spontan nach dem Stein, der Ihnen ins Auge springt. Damit haben Sie Ihren ersten persönlichen Heilstein, den sogenannten »Seelenstein« intuitiv ausgewählt. Bald werden Sie spüren, daß es nicht nur eine ästhetische Entscheidung war.

Erst mit der Zeit wachsen Gespür und Intuition. Seien Sie also nicht frustriert, wenn es anfangs nicht gleich klappt. Sie müssen sich erst für die Welt der Heilsteine und ihre Schwingungsenergie öffnen. Mit etwas Übung geht es bald wie von selbst.

Mit der Zeit gelingt es immer besser

Erspüren Sie mit verbundenen Augen den für Sie richtigen Aurastein.

Der Aurastein

▶ Im Gegensatz zum »Seelenstein«, den Sie mit Ihren Augen ausgewählt haben, können sie den sogenannten »Aurastein« durch Ihren Spürsinn entdecken. Um sich ganz und gar auf Ihre Hände konzentrieren zu können, verbinden Sie sich die Augen. Ein Freund/ eine Freundin oder Ihr Partner/Ihre Partnerin verändert nun die Anordnung der vor Ihnen liegenden Heilsteine. Lassen Sie jetzt Ihre Hände langsam darüber kreisen, ohne sie jedoch zu berühren. Damit verhindern Sie, daß Sie sich durch das Ertasten der Form an einen bestimmten Stein erinnern. Wenn Sie während des Kreisens in ein energetisches Feld geraten und sich das

Gefühl in Ihren Händen verändert, gehen Sie nach unten und greifen zu. Auf diese Weise haben Sie sich für den zweiten persönlichen Stein, den sogenannten »Aurastein«, entschieden. Seien Sie nicht enttäuscht, wenn Sie anfangs wenig spüren oder gar danebengreifen. Die Sensibilität, mit den Händen Schwingungsenergien zu erspüren, entwickelt sich oft erst nach und nach.

Nicht aufgeben, wenn es nicht sofort klappt

TIP!

Achten Sie auf Ihre innere Stimme: Um den oder die richtigen Steine für sich zu entdecken, benötigen Sie nur ein kleines Sortiment von etwa zehn Heilsteinen.

Der Kosmosstein

▶ Zur Entscheidung für die letzten beiden Steine bitten Sie wieder um die Hilfe einer Freundin /eines Freundes oder Ihres Partners/ Ihrer Partnerin.

Diese/r soll ohne Ihr Wissen den restlichen Heilsteinen jeweils eine Nummer von 1 bis ... geben.

Hier entscheidet die richtige Zahl

Intuitiv wählen Sie diesmal eine Zahl. Ihr Gegenüber gibt Ihnen sodann den Heilstein, dem er diese zugeordnet hatte. Falls Sie den »Kosmosstein« lieber allein auswählen, ordnen Sie jedem Heilstein eine Nummer zu und schreiben diese auf einen Zettel. Mischen Sie die Papiere dann in einem Behälter und ziehen Sie einen Zettel. Die daraufstehende Nummer verrät Ihnen, welchen Edelstein Sie ausgewählt haben.

Der Partnerstein

▶ Diesen Stein sucht Ihr Partner/ Ihre Partnerin oder eine Freundin/Freund für Sie aus. Setzen Sie sich einander gegenüber und schließen Sie beide die Augen. Versuchen Sie an nichts zu denken, achten Sie nur auf Ihren Atem. Ihr Gegenüber sollte sich nun ganz und gar auf Ihre Person

Ihr Partner wählt diesen Stein intuitiv für Sie aus

konzentrieren und sich an gemeinsame Erlebnisse erinnern. Dazu gehören schöne Ereignisse, aber auch konstruktive Auseinan-

TIP!

Die Auswahl der Heilsteine können und sollen Sie beliebig oft wiederholen. Sie müssen bedenken, daß sich Ihre Konstitution, Ihr körperlicher und seelischer Zustand immer wieder verändert. Die intuitive Auswahl der Heilsteine fällt dementsprechend unterschiedlich aus.

dersetzungen. Danach öffnet er die Augen und läßt seinen Blick über die Auswahl an Edelsteinen, die er vor sich liegen hat, schweifen. Der erste Stein, der ihm intuitiv ins Auge springt, ist der sogenannte Partnerstein. Durch dieses Mineral wird ein Bedürfnis Ihrer Seele oder Ihres Körpers abgedeckt, das Sie selbst noch nicht erkannt haben. Jetzt ist das Sortiment der intuitiv ausgewählten Heilsteine vollständig.

Wirkung intuitiv ausgewählter Heilsteine

Der Seelenstein

Der »Seelenstein« transportiert verdrängte Erfahrungen, Erlebnisse und Erinnerungen an die

Oberfläche, die im Unterbewußtsein schlummern. Lassen Sie diesen Zustand zu, denn nur so lösen sich geistige Blockaden. Der »Seelenstein« kann auch auf etwas anspielen, das Ihnen im Moment gut täte, das Sie sich gönnen sollten, etwa Erholung, Urlaub oder ein neues Kleidungsstück. Er hebt außerdem Ihr Selbstwertgefühl, indem er mehr Vertrauen in Ihre positiven Eigenschaften aktiviert. Schließlich kann er an kraftspendende Ereignisse und für Sie aufbauende Personen erinnern.

So lösen sich geistige Blockaden

Der Aurastein

Anders wirkt der »Aurastein«. Da er mit verbundenen Augen, nur durch den Spürsinn, ausgesucht wurde, muß er am Körper getragen werden, um seine Schwingungsenergie weiterzugeben. So wird ihm die Regelung unseres inneren Gleichgewichts gelingen, indem er die körperlichen und geistigen Möglichkeiten mehr ausschöpft. Damit vermittelt er einen besseren Zusammenklang zwischen unserer seelischen und physischen Ebene.

Inneres Gleichgewicht schaffen

Der Kosmosstein

Der »Kosmosstein« nimmt Bezug auf den Menschen als geistiges Wesen. Ob Sie ihn tragen, zum Meditieren verwenden oder ihn nur betrachten, bleibt nun Ihnen überlassen. Ausgewählt wurde der Stein nicht durch den Verstand, die Seele oder den Körper. Allein der Zufall hat entschieden. Ob es überhaupt einen Zufall gibt, darüber haben sich schon viele Philosophen den Kopf zerbrochen.

Der »Kosmosstein« unterstützt die Selbstbestimmung des Lebens, verbessert unsere Wahrnehmung, aktiviert Ihre geistigen Fähigkeiten und hilft Ihnen, die gegenwärtige Realität besser zu erkennen.

Zufall oder Schicksal – der Kosmosstein

Der Partnerstein

Der »Partnerstein« schließlich beeinflußt Ihr Denken, Verhalten und Ihre Reaktionen gegenüber der Umwelt und den Mitmenschen. Durch diese Sensibilisierung wird Ihnen zunehmend deutlich, wie Sie auf andere wirken und was Sie unbewußt ausstrahlen. Da dieser Stein auf unsere Begegnungen ausgerichtet ist, sollten Sie ihn bei sich tragen. Damit kann er positiv seine Schwingungsenergie in Ihren Gesprächen und in Ihrem Verhalten anderen gegenüber entfalten.

Die Heilkraft der Edelsteinelixiere

Was sind Edelstein-elixiere?

Bereits Hildegard von Bingen setzte im 12. Jahrhundert Edel-steinelixiere zur Bekämpfung von Krankheiten ein. Sie bestehen meist aus stillem Mineral- oder Quellwasser, das mit Hilfe der Schwingungsenergie eines Edel-steins aufgeladen wurde. Während Mineralien an vielen Körperteilen schwer aufzulegen sind, wirken die Heilsteinwasser im gesamten Organismus. Sie können bei Erkrankungen der in-neren Organe an Ort und Stelle lindernd und heilend eingreifen. Sie sind auch besser bei der Arbeit und in der Öffentlichkeit einzu-setzen. Manchmal kann es ja auch peinlich sein, in Anwesenheit von Fremden und Kollegen Heilsteine aufzulegen. Edelsteinelixiere zei-gen annähernd dieselben Wir-kungen und Reaktionen wie die einschlägigen Mineralien, so daß die Kapitel »Heilsteine von A bis Z« und das Kapitel »Zum Nach-schlagen« am Ende dieses Buches Sie auch darüber informieren, welche Edelsteinelixiere Sie bei Ihren Beschwerden benötigen.

Wirkung der Edelsteinelixiere

Elixiere mit Edelsteinen können bei Insektenstichen, Durchfall-,

Nahrungsmittel-, und Infektions-
erkrankungen helfen. Sie besitzen
entschlackende ebenso wie reinigende Eigenschaften. So sollen sie

**Elixiere
sollten
Sie fertig
kaufen**

Hilfe bei chronischen Beschwerden im Bereich der Verdauungsorgane, des Magens und des
Darms bieten. Edelsteinelixiere
gibt es zu kaufen (siehe bitte bei
»Adressen, die weiterhelfen«,
Seite 93).

Innere Anwendung

Falls Sie ein Edelsteinelixier ge-
kauft haben (erhältlich sind Tink-
turen mit folgenden Heilsteinen:
Amethyst, Aquamarin, Chrysolith, Coelestin, Citrin, Carneol,
Granat, Herkimer-Diamant,
Mondstein, Rauchquarz, Rosen-

Eigene Herstellung von Elixieren

Im Gegensatz zu Hildegard von Bingen, die vor allem Wein zur
Herstellung von Edelsteinelixieren verwendet hat, benützt man
heute Wasser. Es sollte allerdings nicht nur Leitungswasser oder
destilliertes Wasser sein. Am besten eignet sich Mineral- oder
Quellwasser. Sie benötigen folgendes Zubehör:
- eine Jena-Glasschale mit 300 ml Wasser,
- 1/2 oder 3/4 l Flasche zur Aufbewahrung,
- Edelstahl- oder Kupfertopf,
- einen Edelstein mit möglichst wenigen Einschlüssen, natur-
belassen und unbearbeitet.
Um eine entsprechende Hygiene zu gewährleisten, reinigen Sie
bitte die Zutaten und lassen sie die Gegenstände lufttrocknen.
Reinigen sie auch den Edelstein, so wie es im Kapitel »Kauf, Aufbewahrung und Pflege« beschrieben steht. Sodann gießen Sie
die 300 ml Mineral- oder Quellwasser in die Glasschale und geben
den Heilstein hinzu. Lassen Sie die Sonne zwei Stunden auf die
Schale, das Wasser und den Stein einwirken. Hinterher schütten
Sie das Edelsteinelixier in die Vorratsflasche. Um die Haltbarkeit
zu steigern, gießen sie im Verhältnis 2:1, das heißt 150 ml, Brannt-
wein hinzu. Schütteln Sie die Flüssigkeit, und das Elixier kann zur
inneren oder äußeren Anwendung benützt werden.
Falls die Sonne nicht scheint, erwärmen Sie das Wasser leicht im
ausgekochten Edelstahl- oder Kupfertopf 10 bis 15 Minuten mit-
samt dem Edelstein. Sodann verfahren Sie, wie oben beschrieben.

**So wird´s
gemacht**

quarz, Rubin, Saphir, Smaragd und Turmalin), müssen Sie bedenken, daß diese entschieden stärker ihre Schwingungsenergie entfalten, als wenn Sie selbst ein Heilsteinwasser zubereiten. Sie basieren auf jahrelangen Forschungsergebnissen und sind optimal ausgerichtet. Daher genügt es, wenn empfindsame Menschen 1-2 Tropfen, robustere 5-10 direkt auf die Zunge träufeln. Um eine optimale Wirkung zu erzielen, sollte der Abstand zu den Mahlzeiten möglichst groß sein. Wenn Sie Ihr eigenes Elixier verwenden, können Sie dieses schluckweise zu sich nehmen. Dabei ist es besser, kleinere Dosierungen öfter zu schlucken. Edelsteinelixiere können beliebig verdünnt werden. Damit verlagern Sie die Wirkung mehr auf die seelische Ebene. Der Körper reagiert wie bei homöopathischer Behandlung: Erst nach einer Verschlechterung der Symptome tritt eine Besserung ein.

1 bis 10 Tropfen – je nach Konstitution

TIP!

Edelsteinelixiere sollten dunkel und kühl gelagert und nicht direkt neben andere Elixiere gestellt werden . Verschiedene Flüssigkeiten können sich gegenseitig durch ihre Schwingungsenergien beeinflussen.

Äußere Behandlung

Etwas verdünnt können Sie das Edelsteinelixier auch auf die Haut auftragen.

▶ Geben Sie zu 50 ml Wasser fünf bis acht Tropfen Heilsteinelixier. Dafür sind folgende Heilsteine besonders geeignet: Amethyst, Bergkristall, Bernstein, Calcit, grüne Jade, Islandspat, Onyx, Rosenquarz und Sternenachat. Mit dem Bergkristall, dem Diamanten und dem weißen Topas kann die spezifische Wirkung verstärkt werden.

Umschläge und Wickel

Die Edelsteinelixiere sind auch gut für Umschläge und Wickel geeignet.

▶ Geben Sie zwei Tropfen Elixier in 250 ml Wasser, tauchen Sie ein sauberes Tuch ein und legen Sie dieses auf die betroffene Stelle der Haut. Das derart getränkte Tuch soll solange einwirken, bis es trocken ist. Am besten fixieren Sie das Tuch mit einem Verband; bei fortwirkenden Schmerzen läßt sich dieser Vorgang wiederholen. Das Tuch und das verdünnte Edelsteinelixier sollten Sie nur einmal benützen,

Das Tuch nur einmal benützen

Elixier nur einmal benutzen da sich nach der Anwendung Keime in der Flüssigkeit befinden können. Umschläge mit Heilsteinwasser lindern Quetschungen, Verrenkungen und Krampfadern.

Heilbad

Edelsteinelixiere können auch für ein Heilbad verwendet werden. Der Vorteil dieser Methode besteht darin, daß der Edelstein fast auf die gesamte Hautoberfläche einwirken kann. So können großflächig Ekzeme und Ausschläge behandelt werden.

▶ Lassen Sie warmes Wasser in die Badewanne einlaufen, träufeln Sie acht bis zehn Tropfen Elixier hinzu. Baden Sie etwa 20 Minuten.

WICHTIG

Edelsteinelixiere sollten nur als begleitende Therapie eingesetzt werden. Bitte klären Sie Ihre Beschwerden erst mit Ihrem Arzt oder Heilpraktiker, bevor Sie die Behandlung mit Elixieren unterstützen.

Salben

▶ Kaufen Sie zehn Gramm Salbengrundlage in der Apotheke und geben Sie zwei Tropfen Edelsteinelixier dazu. Nach kräftigem Umrühren können Sie die Heilsteinsalbe auftragen. Sie hilft bei Hauterkrankungen, Insektenstichen, oberflächigen Verletzungen und bei Rheuma.

In Edelsteinwasser baden heißt, Heilkraft und Genuß verbinden.

Kleines Edel-stein-Lexikon

Edelsteine haben wie alle Naturheilmittel vorbeugende Kräfte und heilende Eigenschaften. Nutzen Sie diese natürliche Kraft. Auf den nachfolgenden Seiten finden Sie die 55 wichtigsten Heilsteine genau bezeichnet: ihr Aussehen, ihre Beschaffenheit, ihre heilenden Kräfte und ihre Wirkungen.

Am Ende des Kapitels sehen Sie auf einen Blick, welcher Stein zu welchem Sternzeichen paßt. Sie finden außerdem ein Register mit den wichtigsten Heilwirkungen der im Buch beschriebenen Edelsteine sowie eines mit den enthaltenen Spurenelementen. Über diese Informationen können Sie den Heilstein bestimmen, den Sie persönlich in Ihrer individuellen Lebenssituation verwenden möchten.

Heilsteine von A-Z

In diesem Kapitel finden Sie – alphabetisch geordnet – die 55 wichtigsten Heilsteine beschrieben.

Bitte berücksichtigen Sie bei den Abbildungen, daß es sich hier um Naturprodukte handelt und deshalb Abweichungen in Form und Farbe selbstverständlich sind.

Achat (Botswana-Achat)

Farbe: grau, rosa, mit dünnen, weißen Streifen

Fundort: Botswana (Afrika)

Geschichte: Bei den afrikanischen Stämmen von Botswana wird dieser Stein als Schutzstein verehrt.

WICHTIG

Lassen Sie körperliche und seelische Beschwerden bitte immer erst von einem Arzt oder Heilpraktiker abklären. Die Steine können als begleitende Therapie eingesetzt werden, ersetzen aber keine verschriebenen Medikamente.

Heilwirkung

Körperlich: Der Botswana-Achat fördert die Regeneration und das Wachstum. Er kann Ausschläge und Ekzeme lindern. In der Schwangerschaft dient er als Schutzstein für Mütter und regt die Gebärmutterrückbildung an.
Seelisch: Er vermittelt Schutz und Geborgenheit, löst innere Spannungen und verleiht innere Stabilität.

Schutzstein für Mütter

▶ Auflegen im Bereich des Kehl- und Wurzelchakras.

Achat (Sternen-Achat)

Farbe: braune Streifen auf beigem Grund

Fundort: Australien

Geschichte: In der Antike galt der Stein als Glücksbringer.

Heilwirkung

Körperlich: Er stabilisiert das
körperliche und seelische Gleichgewicht, soll das Immunsystem
und Leber-, Nerven- und Gehirn-
tätigkeit aktivieren. Er kann auch
das zentrale und vegetative Nervensystem anregen sowie bei
Hauterkrankungen und Migräne
helfen.
Seelisch: Er bewahrt vor Depressionen und Zorn, verleiht inneres
Gleichgewicht und Harmonie.

▶ Direktes Auflegen im betroffenen Bereich.

Amethyst

Farbe: violett

Fundort: Australien, Brasilien,
Mexiko, Uruguay

In der Antike
Schutzstein
gegen
Zauberei

Geschichte: Der Name ist dem
griechischen Wort »amethystos«
entlehnt und bedeutet nüchtern.
Deshalb setzten ihn die Griechen
gegen böse Gedanken, Zauberei
und Trunkenheit ein.

Heilwirkung

Körperlich: Der Amethyst hilft bei
streßbedingten Verspannungen,
Blutergüssen, Schwellungen und
anderen Verletzungen der Haut.

Erkrankungen der Atemwege
und Lunge sollen durch ihn
ebenso gelindert werden wie
Störungen der Darmflora.
Seelisch: Er fördert Nüchternheit,
geistige Wachheit und Konzentration. Außerdem hilft er, Erfahrungen geistig zu reflektieren,
sowie bei der Bewältigung von
Trauer.

oben:
Sternen-
Achat
Mitte:
Botswana-
Achat
unten:
Amethyst

▶ Sie sollten den Amethyst
im Bereich des Scheitelchakras
auflegen.

oben:
Aquamarin
links:
Apachen-
träne
rechts:
Apophyllit

Apachenträne

Farbe: schwarz durchscheinend

Fundort: Arizona, Utah (USA)

Geschichte: Nach alter Sage sahen die Indianer darin die versteinerten Tränen ihrer Vorfahren, die diese beim Verlust ihrer Heimat vergossen. Deshalb symbolisierte er für sie Stärke und Freiheit.

»Versteinerte Tränen« der Ahnen

Heilwirkung

Körperlich: Apachen-Tränen unterstützen den Körper bei innerlichen Störungen. Sie können vor allem streßbedingte Magen- und Verdauungsprobleme lösen. Sie bewahren den Magen vor Übersäuerung, ebenso den Darm und das Blut. Sie sollen sogar Magengeschwüre heilen und sehr gut bei Magenreizungen durch falsche Ernährung (verdorbener Magen) helfen.
Indianer setzen ihn noch heute zum Schutz vor Bakterien, bei Entzündungen und Infektionen ein.
Seelisch: Depressionen und Zukunftsängste verwandeln die Apachentränen in Lebensfreude und Optimismus.

▶ Apachen-Tränen eignen sich für alle Chakren, bei Konzentrationsübungen empfiehlt sich das Auflegen im Bereich des Stirn-Chakras.

Über alle Chakren wirksam

Apophyllit

Farbe: weiß, rosa, hellgrün, durchscheinend

Fundort: Brasilien, Indien, Island, Norwegen

Geschichte: Im 18. Jahrhundet bezeichnete René Just Haüy den Stein nach den griechischen Wörtern »apo« (ab) und »phyllon« (Blatt) Apophyllit, da sich bei seiner Erhitzung Blättchen ablösen.

Heilwirkung

Hilfe bei Beschwerden der Atemwege

Körperlich: Er kann Hilfe bei Asthma und anderen nervösen und allergiebedingten Atemwegsbeschwerden spenden, kann gegen Gliedererkrankungen und Krankheiten, die Lähmungen verursachen, eingesetzt werden. *Seelisch:* Mit ihm läßt sich das Unterbewußtsein erhellen. Er deckt ein schlechtes Gewissen, unnötige Sorgen, Angst und Unsicherheit auf. Der Apophyllit löst auf diese Art unterdrückte Gefühle und Blockaden der Psyche auf.

▶ Er eignet sich zum direkten Auflegen auf die betroffene Stelle, also auf den Lungenbereich oder das betroffene Glied. Über das Herzchakra dringt der Apophyllit besonders gut ein.

Aquamarin

Farbe: hellblau, durchscheinend

Fundort: Afghanistan, Brasilien, Madagaskar, Nigeria, Pakistan

Geschichte: Der Name ist dem Lateinischen »aqua maris« (= Meerwasser) entlehnt und bezeichnet das Aussehen des Aquamarin. In der Antike verehrte man ihn als Symbol der Reinheit.

Heilwirkung

Körperlich: Der Stein kann die Sehkraft bei Kurz- und Weitsichtigkeit stärken, Überreaktionen, wie Autoimmunerkrankungen, Allergien oder Heuschnupfen lindern, die Schilddrüse harmonisieren, den Hormonhaushalt und das Immunsystem regulieren. *Seelisch:* Er verleiht Weitblick und Voraussicht, Ausdauer und Konzentration. Beziehungen und Freundschaften, Liebe, Treue und Selbstbewußtsein werden mit seiner Hilfe vertieft.

▶ Vor Beginn des Pollenflugs sollte er ständig am Körper getragen werden, zum Beispiel an einer Halskette. Er eignet sich auch zum Auflegen im Bereich von Hals-, Kehl- und Stirnchakra.

Vor der Pollenflugzeit am Körper tragen

Azurit

Farbe: dunkelblau, undurchsichtig

Fundort: Arizona (USA), Deutschland, Marokko

Geschichte: Die Bezeichnung legte im 19. Jahrhundert der französische Mineraloge François Beudant fest. Der Name geht auf das persische Wort »Lazhward« (= blaue Farbe) zurück.

Heilwirkung

Körperlich: Als Heilstein fördert der Azurit die Gehirn- und Nerventätigkeit, stärkt damit die Sinneswahrnehmung. Er kann entgiftend und leberanregend wirken. Er soll auch die Schilddrüsentätigkeit stimulieren und im allgemeinen das körperliche Wachstum fördern.
Seelisch: Er unterstützt die Konzentration, fördert ein kritisches Bewußtsein und Selbsterkenntnis. Kombiniert mit einem Bergkristall und Rosenquarz schützt er vor Computerstrahlen.

Schutz vor Computerstrahlung

▶ Der Azurit eignet sich besonders zum Auflegen auf das Stirnchakra – sowohl zur direkten Anwendung als auch zur Meditation.

Bergkristall

Farbe: weiß, durchscheinend

Fundort: Alpen, Arkansas (USA), Brasilien

Geschichte: »Krystallos«, tief gefrorenes Eis – diese griechisch-antike Vorstellung verlieh dem Bergkristall seinen Namen. Damals diente er als Zauberstein, Kraft- und Energiespender.

In der Antike ein Zauberstein

Heilwirkung

Körperlich: Bergkristall spendet Energie und belebt gefühllose, energetisch unterversorgte Körperregionen. Er kann kühlend und fiebersenkend wirken und heiße Schwellungen sowie Schmerzen lindern, Spannungen und Blockaden lösen, die Gehirnhälften harmonisieren, die Nerven kräftigen und die Drüsentätigkeit anregen.
Seelisch: Der Bergkristall schärft die innere Wahrnehmung sich selbst und anderen gegenüber und ruft die innere Befindlichkeit in das Bewußtsein.

▶ Er ist für alle Chakren einsetzbar und verstärkt die Wirkung anderer Heilsteine. Mit Hilfe einer Bergkristallgruppe können Sie andere Steine wieder energetisch aufladen.

Bernstein

Farbe: hellgelb bis braunorange, durchscheinend

Fundort: Deutschland, Litauen, Polen

Eigentlich kein Stein, sondern versteinertes Harz

Geschichte: Der Name »Bernstein« geht auf die niederdeutschen Wörter »bernen« und »börnen« zurück und weist auf die Brennbarkeit des versteinerten Harzes hin.

Heilwirkung

Körperlich: Der Bernstein kann Nieren-, Milz- und Magenbeschwerden sowie Krankheiten, die mit Stoffwechsel, Leber und Galle zusammenhängen lindern. Er soll Kleinkindern beim Zahnen helfen und Allergien und Hautkrankheiten wie Ekzeme, Pickel, Warzen und Flechten hemmen. Zudem kann er Knochen- und Muskelerkrankungen, wie Arthritis, Rheuma, Gicht und Arthrose lindern. Wie ein Hustenbonbon in den Mund genommen, läßt er auch Entzündungen im Mund- und Rachenraum abklingen.

Seelisch: Er bringt Licht ins Gemüt, schenkt Lebensfreude und Flexibilität. Damit hemmt er Depressionen, verzweifelte Gedanken und Ratlosigkeit.

▶ Setzen Sie ihn äußerlich im Bereich des Wurzelchakras ein. Wegen seiner sanften Energie sollte er lange getragen werden.

Wegen sanfter Energie lange tragen

links:
Azurit
rechts:
Bergkristall
Mitte:
Bernstein

Calcit

Farbe: weiß, orange, hellblau, apfelgrün, braun, durchscheinend

Fundort: Alpen, Italien, Türkei, Mexiko, Peru

Geschichte: Griechisch »chalix«, lateinisch »calx« wird mit Kalk übersetzt. In der Antike war man sich bereits bewußt, daß Calcite aus kalkhaltigen Lösungen entstanden sind.

Heilwirkung

Die verschiedenen Calcite haben unterschiedliche Wirkungen

Körperlich: Kann der Orangen-Calcit und blaue Calcit Knochen, Zähne und Wirbelsäule festigen, Gewebe- und Knochenerkrankungen verhindern und das Wachstum fördern, so kann der grüne Calcit das Immunsystem, die Blutgerinnung, die Herzgefäße und die Herzkammern stärken. Zur Aktivierung des Stoffwechsels eignen sich der Citrino- und Manganocalcit. Sie können den Stuhlgang und die Verdauung regulieren. Der Manganocalcit soll das Säure-Basen-Gleichgewicht und auch das Immunsystem stabilisieren.

Seelisch: Alle Calcite aktivieren die innere Tatkraft und das Gedächtnis, fördern das Selbstvertrauen und die Standhaftigkeit.

▶ Legen Sie den Orangen-Calcit auf das Milzchakra, den blauen Calcit auf das Kehlchakra und den grünen Calcit auf das Herzchakra auf.

links:
Chalcedon
rechts:
Calcit
Mitte:
Carneol

Carneol

Farbe: orangerot bis dunkelrot, durchscheinend

Fundort: Australien, Brasilien, Indien, Südafrika, Uruguay

Im alten Ägypten Schutzstein für Verstorbene

Geschichte: Der Carneol erhielt seinen Namen von dem lateinischen Ausdruck »carneolus« (fleischfarben). Im alten Ägypten erfreute er sich als Schutzstein für Verstorbene größter Beliebtheit.

Heilwirkung

Körperlich: Er aktiviert den Kreislauf und die Durchblutung, die Aufnahme von Vitaminen, Nähr- und Mineralstoffen im Dünndarm und erhöht damit die Blutqualität. Durch diese Entgiftung kann der Carneol Beschwerden im Unterleib, wie Verdauungsprobleme, Darmerkrankungen, Nieren-, Gallen- und Leberleiden, lindern.
Seelisch: Als Stein der Erneuerung spendet er Mut, Vitalität, Lebensfreude und Gemeinschaftssinn.

▶ Besonders kräftig wirkt er im Bereich des Wurzelchakras. Seine starke Wirkung entfaltet er durch längeres Tragen.

Chalcedon

Farbe: hellblau bis graublau

Fundort: Brasilien, Tschechien, Türkei, USA

Geschichte: Der Name »Chalcedon« ist der Stadt »Calchedon« am Bosporus entlehnt. Erst der Mystiker Albertus Magnus übertrug im 13. Jahrhundert diese Bezeichnung auf das heute so genannte Mineral.

Heilwirkung

Körperlich: Der Chalcedon kann Atemwegserkrankungen, Augenbeschwerden, Ohrenschmerzen, Gleichgewichtsstörungen und Ödeme lindern. Ebenso soll er entzündungshemmend und blutdrucksenkend wirken, das Immunsystem stimulieren und die Insulinproduktion fördern. So kann er im frühen Stadium der Diabetes helfen.
Seelisch: Er verbessert das Selbstvertrauen, die Kontaktfreudigkeit und das Verständnis für andere.

▶ Seine Kraft entfaltet der Chalcedon durch das Kehl- und Stirnchakra. Er kann auch direkt auf die Schmerzstelle wirken.

Direkt auf die schmerzende Stelle legen

Chrysokoll

Farbe: türkisblau mit grün vermengt, undurchsichtig

Fundort: Arizona (USA), GUS, Israel, Südafrika

Geschichte: Nach dem Griechischen bedeutet Chrysokoll »Goldleim«, ein Hinweis darauf, daß in der Antike Kupfermineralien als Flußmittel beim Löten verwendet wurden.

Heilwirkung

Körperlich: Chrysokolle können krampflösend, entspannend und fiebersenkend wirken. Sie sollen den Körper auch bei Infektionen, Entzündungen im Hals-, Nasen- und Ohrenbereich sowie bei Brandwunden unterstützen, außerdem die Schilddrüsenfunktion harmonisieren und bei streßbedingten Verdauungsstörungen helfen.
Seelisch: Chrysokolle fördern seelische Ausgewogenheit und gleichen Streß aus.

Für seelische Ausgewogenheit

▶ Sie entfalten ihre Wirkung durch direkten Kontakt mit der Haut. Besonders wirksam sind sie im Bereich von Kehl-, Stirn- und Herzchakra.

Chrysopras

Farbe: apfelgrün, durchscheinend

Fundort: Australien, Brasilien, Schlesien

Geschichte: Infolge seines Aussehens bezeichneten die Griechen diesen grünen Stein als »chrysos prason«, als »Goldlauch«. In der Antike galt der Chrysopras als Heil- und Schutzstein gegen Pest.

Schutzstein gegen die Pest

Heilwirkung

Körperlich: Der Chrysopras eignet sich besonders zur Entgiftung und Entschlackung, indem er die Lebertätigkeit aktivieren und die Herzkranzgefäße von Ablagerungen und Verstopfungen befreien soll. Damit ist er ein wertvoller Vorsorgestein gegen Angina Pectoris. Er soll Hautkrankheiten (Neurodermitis) lindern und bei von Infektionen verursachter weiblicher Unfruchtbarkeit helfen.
Seelisch: Er schenkt Vertrauen und Geborgenheit.

▶ Unterstützt wird seine entschlackende Wirkung durch Fastenkuren. Am intensivsten wirkt er im Bereich des Herzchakras.

Mitte:
Chrysopras
links:
Citrin
rechts:
Chrysokoll

Citrin

Farbe: hellgelb bis rötlich braun, durchsichtig

Fundort: Brasilien, Madagaskar, GUS

Geschichte: Abgeleitet ist die Bezeichnung aus dem Griechischen und bedeutete Zitronenstein. 1546 ordnete der Arzt und Mineraloge Georg Agricola diesem Mineral den Namen zu.

Heilwirkung

Entgiftende Wirkung

Körperlich: Der Citrin kann infolge seiner entgiftenden Eigenschaften bei Kälteempfindlichkeit, Immunschwäche und Stoffwechselstörungen eingesetzt werden. Er kann die Nervenkraft stärken, die Funktion von Magen, Milz und Bauchspeicheldrüse unterstützen sowie Hormonstörungen verhindern. Zudem soll er die Verdauung anregen und durch die Steuerung der Insulinproduktion vor Zuckerkrankheit schützen. Der Citrin kann auch regenerierend und kräftigend auf die Leber einwirken.

Seelisch: Mental stärkt er Selbstsicherheit, Ausdruckskraft und Lebensmut, macht Lust, neue Erfahrungen zu machen und kann selbst leichte depressive Verstimmungen mildern.

▶ Der Citrin wirkt besonders kräftig auf das Solarplexus-, Milz- und Wurzel-Chakra ein.

oben:
Coelestin
links:
Dioptas
rechts:
geschliffene
Diamanten
mit Rubinen

Heilwirkung

Körperlich: Er kann Verhärtungen in den Knochen, im Gewebe, in den Muskeln und in den Organen lösen, Schnittwunden bei Verletzungen und kleinen Operationen schneller verheilen lassen, Unregelmäßigkeiten der Menstruation lindern und Kraft und Energie spenden, wenn der Alltagsstreß zuviel wird.

Schnellere Wundheilung

Seelisch: Coelestin fördert Zuversicht und Optimismus, löst Gefühle von Einengung und Beklemmung und stabilisiert den seelischen Zustand, indem er Geist, Leib und Seele harmonisiert. Vor allem in Familien sorgt er für Ausgeglichenheit.

▶ Über Kehl- und Stirnchakra dringt seine Schwingungsenergie ein und heilt aufgelegt an Ort und Stelle.

Coelestin (Aqua aura)

Farbe: weiß bis graublau, durchscheinend

Fundort: Madagaskar, Marokko, Sizilien

Geschichte: Nach dem lateinischen Wort »coelestis«, das himmelblau bedeutet, benannte 1798 erstmals der Mineraloge A. Werner den neuentdeckten Coelestin.

Diamant

Farbe: weiß, gelb, bräunlich, durchscheinend

Fundort: Afrika, Australien, Brasilien, GUS

Geschichte: Die Bezeichnung »Diamant« leitet sich ab vom griechischen »adamas« und bedeutete der »Unbezwingbare«.

Dieser Name wurde ihm in der Antike aufgrund seiner Härte verliehen.

Heilwirkung

Körperlich: Der Diamant kann den Heilprozeß von Nerven, Sinnesorganen, Hormondrüsen und Gehirn fördern. Er soll den Körper reinigen und bei Verstopfung im Bereich des Darms und der Herzkranzgefäße helfen. Ebenso kann er Nieren-, Blasen- und Magenbeschwerden lindern und auch bei Rücken-, Glieder- und Kopfschmerzen helfen.
Seelisch: Mental fördert er klare Erkenntnisse, geistige Freiheit, Selbstbestimmung, Charakterstärke und logisches Denken.

Er fördert geistige Klarheit

▶ Alle Chakren werden durch den Diamanten harmonisiert. Im Stirnbereich wirkt er am intensivsten.

Die bekannteste Schleifform des Diamanten bezeichnet man als Brilliant. Zunächst wird durch Spaltung des Rohdiamanten ein Achtflächner herausgearbeitet. Dann werden die oberen und unteren Ecken abgeschliffen und am Ende die Seitenflächen mit Facetten verziert.

Dioptas

Farbe: dunkelgrün, durchscheinend

Fundort: Arizona (USA), GUS, Südwestafrika, Zaire

Geschichte: 1806 erhielt der Dioptas seinen Namen vom französischen Mineralogen René Just Haüy nach dem griechischen Wort »diopteia« – Hindurchsicht, ein Hinweis auf sein Aussehen.

Heilwirkung

Körperlich: Der Dioptas soll durch seinen Kupfergehalt leberanregend wirken, jegliche Heilprozesse unterstützen, die physische Regenerationskraft verstärken und Schmerzen, Krämpfe sowie ständige Kopfschmerzen lindern.
Er kann vor Erkrankungen der Atemwege bewahren, und allergische und chronische Infekte im Bereich von Lunge, Nase und Hals lindern.
Seelisch: Er fördert Phantasie, Kreativität, Hoffnung und Gefühlstiefe. Kurz – ein Stein der Fülle.

Beste Wirkung über das Herzchakra

▶ Im Bereich des Herzchakras können Sie seine sanfte Schwingungsenergie am besten aufnehmen.

Falkenauge

Farbe: bläulich, silbern, schimmernd

Fundort: Südafrika, Westaustralien

Geschichte: Erst in der zweiten Hälfte des 19. Jahrhunderts erhielt das Falkenauge seinen Namen. Die fasrige Struktur mit einem wogenden Lichtschimmer erinnerte an das Auge von Tieren.

Heilwirkung

Körperlich: Ein Falkenauge kann bei hormoneller Überfunktion, Nervosität und Zittern helfen, indem es den Energiefluß im Körper reduziert. Es soll lindernd im Bereich des Auges bei Kurzsichtigkeit, Augen- und Hornhautverletzung wirken, ebenso bei Migräne und chronischen Krankheiten wie Asthma.
Seelisch: Mental bietet das Falkenauge seine Hilfe bei Stimmungsschwankungen und Entscheidungsschwierigkeiten an.

Hilft bei Entscheidungsproblemen

▶ Da das Falkenauge die Körperenergie reduziert, sollten Sie es nicht länger als eine Woche anwenden. Am intensivsten entfaltet das Falkenauge seine Schwingungsenergie über das Stirn- und Kehlchakra.

Fluorit (Flußspat)

Farbe: gelb, violett, grün, regenbogenfarbig

Fundort: China, England, Mexiko, Spanien, USA

Geschichte: Der Fluorit, erst seit dem 18. Jahrhundert bekannt, wurde synonym zum Namen »Flußspat« nach dem lateinischen Wort »fluere« bezeichnet. Er galt als Stein der Intuition, der Liebe und des Glücks.

Heilwirkung

Körperlich: Er steht für die Regeneration der Haut und der Schleimhäute, für die Stärkung von Knochen und Zähnen, für die Hilfe bei Gelenkbeschwerden sowie für die Unterstützung der Tätigkeit des Nervensystems und Großhirns.
Seelisch: Er erleichtert Neuanfänge im Leben, fördert geistige Klarheit, schnelles Begreifen und spendet Ordnungssinn. Er ist als Konzentrations- und Lernstein zu werten.

▶ Fluorite sollten je nach Farbe eingesetzt werden: Der violette wirkt am besten auf das Stirnchakra, der gelbe auf den Solarplexus, der regenbogenfarbige auf das Herzchakra.

Fluorite wirken je nach Farbe

links oben:
Goldfluß
rechts:
Flourit
links unten:
Falkenauge

Goldfluß

Farbe: rotgelb, violett, glitzernde
Einschlüsse

Fundort: Italien

Geschichte: Ab Mitte des 16. Jahrhunderts stellten italienische
Mönche aus natürlichen Mineralien den Goldfluß her. Seit dieser
Zeit erfreut er sich als Schmuck-
und Amulettstein größter Beliebtheit.

**Schmuck-
und Amu-
lettstein**

Heilwirkung

Körperlich: Bei psychosomati-
schen Krankheiten zeigt der
Goldfluß seine Heilwirkung. Als
Begleittherapie kann er bei Buli-
mie, Fettsucht und Magersucht
eingesetzt werden. Er soll das
Abwehrsystem stärken, die Begleiterscheinungen einer Salmo-
nellen-Vergiftung lindern und
vor Infektionskrankheiten wie
Mandelentzündungen bewahren.
Seelisch: Mental sorgt er für ein
gesundes Selbstwertgefühl und
eine positivere Lebenseinstellung.
Er stärkt die Herzenswärme und
spendet mehr Freude am Leben.
Er hilft, den eigenen Körper mit
allen Unvollkommenheiten anzunehmen und in Harmonie mit
ihm zu leben. Er wirkt ausgleichend auf die Gefühlsschwan-
kungen während der Schwangerschaft.

▶ Der rotgelbe Goldfluß wirkt im
Bereich des Sexualchakras, der violette im Bereich des Stirnchakras.

Granat

Farbe: rot, rotbraun, dunkelrot

Fundort: Brasilien, Indien, Kanada, Madagaskar, Tschechien

Geschichte: Die zumeist rundlich, vielfältig gebrochenen Kristallformen des Minerals führten mit Hilfe des lateinischen Ausdrucks »granum« (= Korn) zur Bezeichnung Granat.

Heilwirkung

Körperlich: Der Granat kann Blockaden vermindern, die Regenerationskraft des Körpers erhöhen und den Stoffwechsel anregen. Er soll den Kreislauf und das Immunsystem stabilisieren und durch die Anregung der Produktion von weißen Blutkörperchen die Blutarmut verhindern. Er soll außerdem den Herzrhythmus und den Herzschlag kräftigen. Innere Organe, wie Bauchspeicheldrüse, Leber, Milz und die Nieren, können durch ihn geschützt werden. Auf die inneren und äußeren Sexualorgane soll er aktivierend wirken und damit Potenzprobleme abschwächen.

Lust und Potenz aktivieren

Seelisch: Während Phasen der Veränderung und in scheinbar aussichtslosen Situationen kann er das Durchhaltevermögen fördern.

▶ Seine stärkste Kraft spendet der Granat, wenn Sie ihn auf das Wurzelchakra und den Solarplexus auflegen.

links:
Hämatit
rechts:
Heliodor
Mitte:
Granat

Hämatit (Blutstein)

Farbe: grau metallisch glänzend, undurchsichtig

Fundort: Arizona (USA), Brasilien, Schweiz

Geschichte: Das griechische Wort »haemateios« – blutig – gab dem Stein seinen Namen. Diese Bezeichnung ergab sich, da sich das Schleifwasser des Hämatits rot verfärbte.

Heilwirkung

Körperlich: Hämatite fördern die Eisenaufnahme, die Bildung von roten Blutkörperchen und die Sauerstoffversorgung der Zellen. Eine Regenerierung der Nieren kann man ebenfalls feststellen, falls sie nicht akut entzündet sind.

Seelisch: Hämatite schenken Kraft, Spontaneität und Lebendigkeit. Sie lösen seelische Verkrampfungen.

Löst seelische Verkrampfung

▶ Zwar können Hämatite zum Auflegen verwendet werden – aber nicht bei offenen Wunden. Sie dienen vor allem zum Entladen der anderen Heilsteine (Seite 29).

Heliodor

Farbe: gelblich-grün, durchscheinend

Fundort: Brasilien, Sri Lanka, Südafrika, USA

Geschichte: Als »Helios Doron«, als Sonnengeschenk, bezeichneten die Griechen dieses Mineral. Sie dachten, in ihm wohne das Licht und die Sonne und trugen ihn daher als Amulett und Heilstein.

In der Antike Symbol für Licht und Sonne

Heilwirkung

Körperlich: Der Heliodor soll Herzrhythmusstörungen und Herzerkrankungen lindern, die Blutzirkulation anregen und sauerstoffreicheres Blut bilden. Er kann bei Muskelkater und Seitenstechen helfen, das vegetative Nervensystem unterstützen, soll Kurz- und Weitsichtigkeit lindern sowie entgiftend und leberanregend wirken.

Seelisch: Er gleicht seelische Schwankungen aus und spendet Lebensmut.

▶ Als Augen-Heilstein sollte er abends auf die geschlossenen Augen gelegt werden. Seine Schwingungsenergie entfaltet er am besten im Bereich von Solarplexus und Herzchakra.

Augen-Heilstein

Heliotrop (Hildegard-Jaspis)

Farbe: lauchgrün, orange mit dunkelroten, punktartigen Tupfern

Fundort: Australien, Brasilien, China, Indien

Geschichte: »Heliou tropai« heißt auf altgriechisch »Sonnenwende«. Diese Bezeichnung weist auf die magische Verwendung des Heliotrop in der Antike hin, zum Beispiel in Orpheus »Lithika«. Der Name »Hildegard-Jaspis« hingegen geht auf die Äbtissin Hildegard von Bingen zurück, die meinte, die roten Einschlüsse seien das Blut Christi.

Heilwirkung

Körperlich: Der Heliotrop kann die Lymphe anregen, den Körper entsäuern, den Krankheitserregern ihre Nährstoffe entziehen und die Immunabwehr aktivieren, bei beginnenden Infekten, Entzündungen und Eiterbildung helfen, Sehnenscheidenentzündungen, Ischias sowie Wadenkrämpfe und Gicht lindern. Bekannt ist auch seine unterstützende Wirkung während der Schwangerschaft. Er kann vor Unterleibserkrankungen und Bauchschmerzen schützen.
Seelisch: Heliotrope wirken belebend, beruhigen bei Nervosität, Agressivität und Gereiztheit.

▶ Er wirkt über das Herzchakra.

Unterstützt während der Schwangerschaft

links:
Heliotrop
rechts:
Herkimer-
Diamant
unten:
Hyazinth

Herkimer-Diamant

Farbe: weiß, durchsichtig, doppelendige Kristalle

Fundort: Herkimer County (USA)

Geschichte: Die diamantähnliche Kristallstruktur sowie die Heimat, Herkimer County im Staat New York, führten zur Bezeichnung »Herkimer-Diamant«.

Nur in Herkimer-County zu finden

Heilwirkung

Körperlich: Der Herkimer-Diamant enthält fast alle heilenden Eigenschaften des Bergkristalls, er kann Entzündungen und Infektionen vorbeugen und soll Quetschungen und Zerrungen lindern. Bei krebsartigen Erkrankungen wie Wucherungen und Tumoren kann er für eine Begleittherapie verwendet werden.
Seelisch: Mental hilft der Herkimer-Diamant, Entscheidungen leichter zu treffen, sich selbst besser zu verwirklichen, Vergangenes sowie innere Blockaden aufzuarbeiten.

▶ Herkimer-Diamanten öffnen alle Chakren. Sie verstärken damit die Wirkung anderer Heilsteine.

Hyazinth (Zirkon)

Farbe: rotbraun, durchscheinend

Fundort: Australien, Brasilien, Indien, Kanada, Sri Lanka, USA

Geschichte: 1789 erhielt das Mineral von dem Chemiker Martin Heinrich Klaproth den Namen »Zirkon«. »Hyazinth« hingegen geht auf das griechische »hyakinthos« zurück.

Heilwirkung

Körperlich: Der Hyazinth kann die Leber anregen, Schmerzen und Krämpfe lindern und bei Menstruationsbeschwerden helfen. Er soll den Heilungsprozess bei Lungen- und Bronchialkrankheiten unterstützen sowie entgiftend und fiebersenkend wirken. Darmstörungen können sich vermindern.
Seelisch: Er hilft dabei, Wichtiges von Bedeutungslosem zu unterscheiden sowie sich für Neues im Leben zu begeistern.

▶ Sexual- und Milzchakra sind die Bereiche, in der der Hyazinth sich entfaltet. Bei Krämpfen sollte er nur eine Stunde einwirken.

Bei Krämpfen nur eine Stunde wirken lassen

Island- oder Doppelspat

Farbe: gelblich, rosa, weiß, durchscheinend

Fundort: Island, Mexiko, USA

Geschichte: Die Bezeichnungen »Island« oder »Doppelspat« weisen auf die Herkunft und die rautenförmige Kristallstruktur hin. Beim Hindurchsehen ergibt sich ein doppelter Brechungseffekt.

Heilwirkung

Körperlich: Durch seinen hohen Calciumgehalt soll er Erkrankungen im Bereich der Zähne, Knochen, Nägel und Haare lindern. Kann vor allem der rosarote Islandspat zur Bekämpfung von Gicht und Arthritis eingesetzt werden, so reduzieren der gelbe und weiße Doppelspat Schmerzen im Bereich der Wirbelsäule.
Seelisch: Der Islandspat harmonisiert das Gefühlsleben und unterstützt uns, die eigenen Wünsche und die anderer besser zu verstehen.

Islandspate harmonisieren Gefühle

▶ Seine Schwingungsenergie vermittelt der Doppelspat am besten über das Stirnchakra und den Solarplexus.

Jade

Farbe: gelb, grün, schwarz, violett

Fundort: Ägypten, Burma, China, Mexiko, Schlesien

Geschichte: Die Bezeichnung »Jade« geht auf das spanische Wort »pietra de ijada«, Lendenstein, zurück. Als Kolonialherren lernten die Spanier diesen Stein bei den südamerikanischen Indianern kennen, die ihn als Nierenheilstein verwendeten.

Heilwirkung

Körperlich: Jade soll die Nierenfunktion anregen und vor Krankheiten im Bereich von Milz, Leber und Darm schützen. Zugleich kann der Stein den Säure-Basen-Haushalt anregen und die Reaktionsfähigkeit durch die Aktivierung der Nerven steigern.
Seelisch: Mental schenkt die Jade Freude, Lebenslust und bewahrt vor streßbedingten Einschlafstörungen. Sie trägt zur Selbstverwirklichung bei und sorgt für Aktivität.

▶ Jade dringt mit ihrer sanften Energie durch alle Chakren in unseren Körper ein. Besonders empfiehlt sich aber das Auflegen auf Stirn und Nieren.

die Verdauungsfunktionen.
Seelisch: Jaspis fördert Phantasie und Kreativität, hilft gesetzte Ziele umzusetzen.

▶ Der Jaspis wirkt auf das Wurzel- und Sexualchakra.

Labradorit (Spektrolit)

Farbe: buntschillernd im grünblauen Grundgestein

Fundort: Finnland, Labrador (Kanada), Madagaskar

Geschichte: Das Mineral wurde nach der kanadischen Halbinsel Labrador benannt, wo es 1770 erstmals entdeckt wurde.

Heilwirkung

Körperlich: Der Labradorit kann bei rheumatischen Erkrankungen und bei Gicht eingesetzt werden. Er soll blutdrucksenkend wirken, und Kreislauf und Herzrhythmus beruhigen.
Seelisch: Er frischt das Erinnerungsvermögen auf, fördert die Fähigkeit, tiefe Gefühle zu empfinden, eigene Illusionen zu durchschauen und abzubauen.

▶ Der Labradorit dringt in jedes Chakra ein.

oben: **Labradorit**
links: **Jade**
rechts: **roter Jaspis**
unten: **Island-Spat**

Jaspis

Farbe: gelb, ziegelrot, leopardenfellartig oder hellbraun mit landschaftsähnlichen Einschlüssen.

Fundort: Ägypten, Arizona (USA), Australien, Brasilien, Mexiko, Südafrika

Heilwirkung

Körperlich: Alle Jaspisarten wirken auf die inneren Organe, wie Leber, Niere, Galle und regulieren

Lapislazuli (= Lazurit)

Farbe: hell- bis dunkelblau, undurchsichtig, Pyriteinschlüsse

Fundort: Afghanistan, Chile, GUS

Geschichte: Seit fast 10 000 Jahren dient der Lapislazuli als Schmuck- und Heilstein, lateinisch benannt nach seiner Farbe »lapis lazuli«, blauer Stein.

Heilwirkung

Körperlich: Der Lapislazuli wirkt vor allem im Hals-, Nasen- und Ohrenbereich: Er kann Heiserkeit, Schluckbeschwerden sowie Erkältungskrankheiten mildern. Außerdem soll er den Hormonzyklus, bremsen und den Blutdruck senken sowie Neuralgien, Kopf- und Gliederschmerzen lindern. Ebenso bewährt ist er bei Hauterkrankungen. Er soll bei Ekzemen, Ausschlägen und Flechten helfen. Der Lapislazuli kann zudem Schmerzen nach einem Insektenstich oder einem Sonnenbrand mildern.

Seelisch: Als »Stein der Wahrheit« hilft er, Kritik anzunehmen und weiterzugeben. Außerdem unterstützt er den Wunsch nach Liebe, Geborgenheit und Wärme – ein idealer Stein für Freundschaft und Partnerschaft.

▶ Seine Kräfte breitet der Lapislazuli besonders auf dem Kehl- und Stirnchakra aus.

Bewährt bei Hautkrankheiten

links:
Lapislazuli
Mitte:
Magnesit
rechts:
Magnetit

Magnesit

Farbe: weiß, wolkig

Fundort: China, Elba, GUS, Österreich, Polen, Simbabwe, Südafrika, USA

Geschichte: Der Name leitet sich ab vom lateinischen »magnes«, weißer Stein, oder von der thessalischen Region Magnesia. 1808 entdeckten Mineralogen dort Magnesium.

Heilwirkung

Körperlich: Durch die Unterstützung des Magnesiumstoffwechsels kann er entgiften, die Cholesterinwerte senken, Krämpfe innerer Organe wie Gallenkoliken, Migräne und Kopfschmerzen lindern. Der Magnesit soll auch die Blutgerinnung hemmen, den Abbau von Fettablagerungen fördern und vorbeugend gegen Herzinfarkt wirken.
Seelisch: Er sorgt für Entspannung, Selbstliebe, für mehr Einfühlungsvermögen und hilft, seelische Verstimmungen zu mildern.

Fördert Entspannung und Selbstliebe

▶ Der Magnesit wirkt am besten über den Solarplexus.

Magnetit

Farbe: schwarz, rostbraun, undurchsichtig

Fundort: Brasilien, Kiruna, Norwegen, Schweden

Geschichte: Der römische Autor Plinius erklärt die Bezeichnung nach der mythologischen Hirtengestalt Magnes. An dessen Schuhnagel soll dieser Stein hängen geblieben sein.

Heilwirkung

Körperlich: Magnetit regt den Energiefluß an, er kann die Drüsenfunktion zum Beispiel der Bauchspeicheldrüse, der Organe des Lymphsystems sowie der Milz fördern.
Seelisch: Auf geistiger Ebene steigert er die Reaktionsfähigkeit und fördert die Reflektion über sich, über andere sowie über die auf uns einströmenden Eindrücke.

▶ Da der Magnetit vor allem auf mentaler Ebene wirkt, gibt er über das Scheitelchakra seine Schwingungsenergie am intensivsten weiter.

Malachit

Farbe: dunkelgrün, undurchsichtig

Fundort: Arizona (USA), Australien, Ural, Zaire

Geschichte: Die geringe Härte und die Farbe führten zur Bezeichnung »Malachit«. Abgeleitet von den griechischen Wörtern »malache« (Malve) und »malako« (weich).

Heilwirkung

Körperlich: Als sogenannter »Hebammenstein« kann er unterstützend bei der Geburt eingreifen. Er soll die weiblichen Geschlechtsorgane stärken, die Leberwerte verbessern, für Entsäuerung und Entgiftung sorgen und sogar Rheuma lindern. Ebenso kann er bei Infektionen, Bandscheiben- und Gelenksentzündungen helfen.
Seelisch: Mental deckt er unser Innerstes auf, unterstützt die Vorstellungskraft und die Fähigkeit, Entscheidungen zu fällen.

Auch Hebammenstein genannt

▶ Sie können den Malachit auf alle Chakren auflegen, er wirkt aber besonders kräftig im Bereich des Herzchakras.

Mondstein

Farbe: weiß-bläulich, grau-gelb oder auch bräunlich

Fundort: Brasilien, Indien, Madagaskar, Sri Lanka, USA

Geschichte: Der Mondstein erhielt seinen Namen erst Ende des 18. Jahrhunderts infolge seines kühlen, weiß-blauen Lichtscheins.

Heilwirkung

Körperlich: Er kann beruhigend bei Hormonumstellungen, im Klimakterium und bei Menstruationsbeschwerden wirken. Darüber hinaus soll er die weibliche Fruchtbarkeit fördern, den Stoffwechsel und die Funktion der Zirbeldrüse anregen. Damit kann er die Abstimmung des Hormonzyklus auf die natürlichen Rhythmen verbessern.
Seelisch: Auf spiritueller Ebene stärkt der Mondstein das weibliche Selbstwertgefühl und unterstützt die Lebenslust, die Hormon- und Gefühlswelt.

Stärkt die Gefühlswelt

▶ Anzuwenden ist der Mondstein in der Region des Milz- und Sakralchakras.

oben:
Mondstein
Mitte:
Malachit
rechts:
Ein Moqui-
Marble

Moqui-Marbles (Eisenoolith)

Farbe: bräunlich, metallisch glänzend

Fundort: Arizona, Utah (USA)

Geschichte: Moqui leitet sich vom Indianischen ab und heißt »treuer Liebling«. Noch heute verehren die Indianer sie als Schutz- und Glückssteine.

Heilwirkung

Körperlich: Bei den Moqui-Marbles handelt es sich um Sandsteine mit eingelagerten Eisenoxid-Kügelchen (Oxiden). Daher fördern sie die Eisenaufnahme und Blutbildung und wirken somit auf den menschlichen Organismus regenerierend und immunstärkend.

Seelisch: Mental lenken sie die Aufmerksamkeit auf unsere Grundbedürfnisse: Erholung, Genuß und Gemütlichkeit. Als Energiesteine erwecken sie in uns Körperwärme sowie das Bedürfnis nach Zuneigung und Zärtlichkeit. Die Moqui-Marbles bauen Aggressivität, Geltungssucht, Neid und Habgier ab. Sie lösen innere Blockaden und Stauungen und sorgen für Ausgeglichenheit, für Harmonie zwischen Seele, Geist und Körper.

▶ Die Moqui-Marbles wirken paarweise in unseren Händen oder durch Auflegen auf einer erkrankten Stelle.

Moqui-
Marbles
wirken nur
paarweise

Obsidian

Farbe: mahagonibraun, schwarz mit schneeflockenartigen, silbrigen oder regenbogenartigen Einschlüssen

Fundort: Hawaii, Liparische Inseln, Mexiko, Island, Utah (USA)

Geschichte: Nach Plinius geht der Name auf den Römer »Obsius« zurück, der den Stein in Äthiopien entdeckt haben soll.

Heilwirkung

Körperlich: So vielfältig Obsidiane auch sein mögen (Mahagoni-, Schneeflocken-, Silber- oder Regenbogenobsidian), sie zeigen eine vergleichbare Heilwirkung: So können sie bei Blockaden, Schocks, Traumatisierungen und Angst helfen. Sie sollen die Energieversorgung und Durchblutung verbessern und können außerdem Schmerzen und Verspannungen lindern.

Seelisch: Mental stärken sie die eigene Wahrnehmung und erhöhen die Fähigkeit, Verkrustetes aufzulösen und Neues aufzunehmen.

▶ Sie wirken auf alle Chakren.

Die eigene Wahrnehmung wird verstärkt

Onyx

Farbe: schwarz, undurchsichtig

Fundort: Brasilien, Indien, Madagaskar, Mexiko, USA

links:
Opal
Mitte:
Obsidian
rechts:
Onyx

Geschichte: Onyx bedeutete im Griechischen »Nagel«. Diese Bezeichnung entstand aufgrund des Aussehens der gebänderten Achate, die in der Antike diesen Namen erhielten. Erst im 18. Jahrhundert erfolgte die Festlegung dieses Namens auf den heutigen Stein.

Heilwirkung

Körperlich: Der Onyx soll Innenohrerkrankungen lindern, Hörgeräusche eindämmen und die Begleiterscheinungen eines Hörsturzes mildern. Er kann den Gleichgewichtssinn verbessern, die Funktion der motorischen und sensorischen Nerven sowie das Immunsystem unterstützen und Blutstauungen, die Verkalkungen und Krampfadern verursachen können, lösen.
Seelisch: Der Onyx fördert Selbstbewußtsein und Realismus. Er sorgt für Ausgeglichenheit, psychische Widerstandskraft und Stabilität. Damit schützt er vor innerer Niedergeschlagenheit und Ausgebranntheit, vor Verzweiflung und Depressionen.

Onyx länger tragen – er wirkt langsam

▶ Da der Onyx langsam wirkt, sollte er im Bereich von Hals- und Kehlchakra längere Zeit eingesetzt werden.

Opal

Farbe: weiß, blau, schwarz, regenbogenartig schillernd

Fundort: Australien, Brasilien

Geschichte: Schon im Namen verbirgt sich der Inbegriff von Edelstein. So heißt altindisch »upala« und lateinisch »opalus« Edelstein.

Heilwirkung

Körperlich: Kann der Milchopal besonders den Magen, die Drüsen in der Magenschleimhaut und den Stoffwechsel aktivieren, so soll der Boulderopal die Verkalkung und Entzündung von Venen und Arterien hemmen und dem Herzinfarkt vorbeugen. Ebenso kann er für eine unbeschwertere Lebensauffassung sorgen. Der schwarze Opal kann den Körper gegen Viren und Bakterien unterstützen, der Feueropal die Geschlechtsorgane und Nebennieren anregen.
Seelisch: Alle Opale wirken kräftigend und vitalisierend, so daß sie Phantasie und Kreativität anregen.

▶ Opale sollten vor allem in der Region des Herzchakras aufgelegt werden.

Pyrit

Farbe: silbern, golden, bläulich glänzend

Fundort: Australien, Elba, Mexiko, Peru, Schweden, Spanien

Geschichte: Da der Pyrit in der Antike als Feuerstein verwendet wurde, bezeichneten die Griechen ihn als »pyrites lithos«.

Heilwirkung

Körperlich: Pyrit soll die Funktion der Körpersäfte fördern, Verdauungsprobleme und Entzündungen der Atemwege und der Lunge lindern. Er kann die Tätigkeit der Galle und Leber anregen und soll vor Schäden, Entzündungen und Krankheiten im Nervengewebe schützen.
Zudem kann er vorbeugend und lindernd im Bereich der Wirbelsäule eingreifen und die Knorpel stärken.
Seelisch: Er beleuchtet verborgene, belastende Bewußtseinsinhalte und beschleunigt auf diese Art Heilungsprozesse.

Nur kurz auf das Solarplexuschakra auflegen

▶ Auflegen auf das Sonnengeflecht, jedoch nicht länger als 30 Minuten. Durch die Abgabe von Eisensulfid können Hautreizungen entstehen.

Rhodochrosit

Farbe: rosa mit weißen, streifenartigen Einschlüssen

Fundort: Colorado (USA), GUS, Harz (Deutschland), Peru, San Luis (Argentinien), Spanien

Geschichte: 1813 erhielt dieses Mineral von F. L. Hausmann seinen Namen. »Rhodochroos« (griechisch) heißt soviel wie »rosenfarbig«.

Heilwirkung

Körperlich: Als Heilstein kann der Rhodochrosit den Kreislauf aktivieren, den Blutdruck erhöhen und die Funktion der Keimdrüsen und Nieren anregen. Er fördert so die Verdauung und kann außerdem die Geschmeidigkeit der Blutgefäße steigern.
Seelisch: Auf geistiger Ebene erhöht er Spontaneität, Aktivität, Lebendigkeit und Erotik. Er hemmt seelische Verstimmungen und stärkt das Selbstwertgefühl.

Fördert die Verdauung

▶ Seine tiefreichende Schwingungsenergie entfaltet der Rhodochrosit am besten über das Herz- und Wurzelchakra. Der Rhodochrosit sollte bei Bluthochdruck nicht eingesetzt werden.

oben:
Rosenquarz
Mitte:
Pyrit
unten:
Rhodo-
chrosit

Heilwirkung

Körperlich: Der Rosenquarz soll den Herzrhythmus harmonisieren, die Gewebedurchblutung anregen und die Symptome bei Erkrankungen des Blutes, so bei Leukämie und Anämie, lindern. Besonders soll er Krankheiten vorbeugen, die dem Herz schaden könnten, wie Thrombose oder Herzinfarkt. Zudem kann er die Herzklappen und Herzmuskulatur schützen. Bekannt ist auch seine aktivierende Heilkraft im Bereich der Geschlechtsorgane, der Brust, Gebärmutter, Eierstöcke und der Hoden. Gerne wird der Rosenquarz als Schutzstein bei elektromagnetischen Strahlungen eingesetzt, so auch am Arbeitsplatz, wo die Strahlungen der Bildschirme auf den menschlichen Organismus einwirken. Wenn Sie sich vor Strahlungen schützen wollen, stellen Sie einen faustgroßen Rosenquarz zwischen sich und dem Monitor auf.

Schutz vor Computerstrahlen

Seelisch: Mental verstärkt er die Herzenskraft, Liebesfähigkeit, Empfindsamkeit und das harmonische Zusammenleben.

▶ Die weiche und zarte Schwingungsenergie des Rosenquarzes kommt am stärksten im Bereich des Herzchakras zur Geltung.

Rosenquarz

Farbe: rosa, durchscheinend

Fundort: Brasilien, Kenia, Madagaskar, Namibia

Geschichte: Die Griechen und Römer verehrten den Rosenquarz als Stein der Liebe und des Herzens, den die antiken Götter Amor und Eros auf die Erde gebracht haben sollen.

links:
Rhodonit
Mitte:
Rubin
rechts:
Saphir

Rhodonit

Farbe: rosa mit schwarzen
Einlagerungen

Fundort: Australien, China,
Madagaskar, Schweiz, Südafrika,
Tansania, Ural (GUS), USA

Geschichte: Der Ilsenburger
Berg- und Hüttenwerksdirektor
Christoph Friedrich Jasche
bezeichnete 1819 diesen Heilstein
erstmals nach seinem Aussehen
als Rhodonit. Griechisch »rho-
dos« bedeutet Rose.

Heilwirkung

Körperlich: Der Rhodonit kann
als Wundheilstein eingesetzt werden. Er kann Schmerzen lindern,
Vereiterungen vorbeugen und
zeigt bei Insektenstichen seine
entgiftende Wirkung. Im Rah-
men einer Therapie kann er bei
Herz- und Kreislaufschwächen,
bei Immunerkrankungen und
Magengeschwüren verwendet
werden.
Seelisch: Mental hilft er bei Be-
klemmungszuständen, bei Schul-
und Arbeitsstreß, bei Prüfungs-
angst und Lernblockaden, bei
seelischen Leiden und Verletzungen. Er schenkt die Kraft, sich
zu verändern und einen Neuanfang zu wagen. Damit unterstützt
er die Selbstverwirklichung und
die Zufriedenheit.

**Rhodonite
unterstützen
die Zufrie-
denheit**

▶ In den Kreislauf dringt der
Rhodonit am intensivsten durch
das Herz- und Wurzelchakra ein.

Rubin (Karfunkel)

Farbe: blutrot, bisweilen durch-scheinend

Fundort: Brasilien, Burma, Nor-wegen, Sri Lanka, Thailand

Die heilige
Hildegard
nannte ihn
Karfunkel

Geschichte: »Rubeus« heißt auf Lateinisch »rot«. Die Farbe ver-lieh dem Edelstein seinen Namen. Seit dem Mittelalter setzte sich die Bezeichnung Karfunkel durch, so bei Hildegard von Bingen.

Heilwirkung

Körperlich: Der Rubin kann bei Infektionskrankheiten helfen, durch die ihm nachgesagte magi-sche Heilkraft auf das Blut. Er kann fiebersenkend wirken und das Immunsystem unterstützen. Zudem soll er die Milz, den Kreis-lauf und die Nebennieren anre-gen.
Seelisch: Dieser Stein stärkt Mut, Leidenschaft, Vitalität und Le-bensfreude. Er steigert auch die Leistungsfähigkeit und fördert die Umsetzung von erträumten Sehnsüchten.

▶ In den Organismus dringt der Rubin am intensivsten durch das Herz- und Wurzelchakra ein.

Saphir

Farbe: kornblumenblau, gelb, weiß, violett

Fundort: Australien, Brasilien, Indien, Sri Lanka

Geschichte: Im indischen Sanskrit bedeutet »sanipriyam« Liebling des Saturn, im Babylonischen »sipru« ritzend. Die erste Her-leitung erklärt, warum der Saphir in der indischen Medizin dem Saturn zugeordnet wird, die zwei-te dagegen weist auf die Härte des Edelsteins hin, der mit Aus-nahme des Diamanten alle ande-ren Materialien schneidet.

Heilwirkung

Körperlich: Der Saphir soll in er-ster Linie chronische, rheumati-sche, Darm-, Gehirn- und Ner-venkrankheiten lindern und wirkt auch fiebersenkend. Er kann Ausschläge, Ekzeme, Juckreiz und Schuppenflechte mildern helfen.
Seelisch: Geistig schenkt er Kon-zentration, Klarheit und selbst-kritisches Bewußtsein.

Der Saphir
schenkt
geistige
Klarheit

▶ Am intensivsten wirkt er im Bereich des Stirnchakras.

oben:
Sodalith
Mitte:
Smaragd
unten:
Tigerauge

Heilwirkung

Körperlich: Als Heilstein kann der Sodalith Erkrankungen im Bereich von Hals, Stimmbändern und Kehlkopf entgegenwirken. Er soll Heiserkeit lindern, die Insulinproduktion anregen und die Flüssigkeitsaufnahme im Körper unterstützen. Er kühlt, kann den Blutdruck und das Fieber senken und vor Infektionskrankheiten schützen.

Seelisch: Mental löst er Blockaden auf, mindert Schuldgefühle und stärkt das Selbstbewußtsein

Sodalithe stärken das Selbstbewußtsein

▶ Besonders über das Hals- und Stirnchakra schenkt der Sodalith dem menschlichen Organismus seine heilende Wirkung.

Sodalith

Farbe: dunkelblau mit weißen Einschlüssen

Fundort: Brasilien, China, Kanada, Namibia, Südwestafrika

Geschichte: Infolge des hohen Natriumgehalts (englisch sodium = Natrium) gab 1811 der englische Chemiker Thomas Thomson (1773–1852) diesem Mineral den Namen »Sodalith«.

Smaragd

Farbe: hellgrün, grasgrün, durchscheinend

Fundort: Australien, Brasilien, GUS, Indien, Kolumbien, Pakistan

Geschichte: Die Bezeichnung Smaragd leitet sich vom indischen Sanskrit »samâraka«, persischen »zamarad« und altgriechischen »smaragdos« ab und heißt die »grüne Göttin der Steine«. Diese Bezeichnung ver-

links:
blauer Topas
unten:
Türkis
rechts:
roter
Turmalin

Turmalin

Farbe: schwarz, glänzend, undurchsichtig oder grün-rot durchscheinend oder dunkelblau, dunkelgrün bzw. rot durchscheinend

Fundort: Afghanistan, Bolivien, Brasilien, Elba, GUS, Madagaskar, Sri Lanka, Tansania, USA

Geschichte: »Toramolli« bedeutet auf Singhalesisch »etwas Kleines aus der Erde«. Diese Bezeichung setzte sich erst im 17. Jahrhundert für die große Turmalingruppe durch.

Heilwirkung

Körperlich: Kann der Rubellit (roter Turmalin) die Durchblutung und Blutreinigung aktivieren, der Indigolith (blauer Turmalin) die Funktion der Blase und Nieren, der Verdilith (grüner Turmalin) die Ausscheidung des Dickdarms, so kann der Schörl (schwarzer Turmalin) krampflösend und neutralisierend gegenüber Strahlungen, der Wassermelonen-Turmalin (rot-grün) schließlich regenerierend auf das Nervensystem wirken.

▶ Ihre Wirkung spenden alle Turmaline vor allem durch das Herzchakra.

Auf das
Herzchakra
legen

links:
Zinkblende
rechts oben:
Unakit
rechts
unten:
Rubin-
Zoisit

Unakit

Farbe: rotbraun, grüne Einschlüsse, undurchsichtig

Fundort: Brasilien, China, Südafrika, Simbabwe, Madagaskar, Norwegen

Geschichte: Erst 1801 legte der Mineraloge Haüy, der Begründer der kristallographisch orientierten Gesteinskunde, die Bezeichnung nach dem griechischen »unakis-epidosis« (verschmelzen) fest.

Heilwirkung

Körperlich: Der Unakit stärkt unser Immunsystem, kann alle Heilungsprozesse unterstützen, ausgleichend im Bereich der Körpersäfte und Drüsen wirken sowie die Leberfunktion und die Verdauung aktivieren. Er wirkt entspannend und entkrampfend, vor allem auf die männlichen und weiblichen Geschlechtsorgane. Er soll auch den Rehabilitationsprozeß bei schwerer Krankheit verkürzen können.

Seelisch: Der Unakit zeichnet sich durch seine ausgleichenden Eigenschaften auf psychischer Ebene aus. Er erhöht die Belastbarkeit und die Geduld gegenüber sich selbst und seiner Umgebung.

▶ Durch Stirn-, Herz- und Nebenchakras entfaltet der Unakit seine sanfte, entspannende und ausgleichende Schwingungsenergie.

Zinkblende (Sphalerit)

Farbe: farblos, gelblich, rötlich oder braun; metallisch glänzend

Fundort: Birma, GUS, Japan, Kanada, Peru, Sachsen, Spanien, Tschechien

Geschichte: Der Name »Zinkblende« weist auf die Zusammensetzung dieses Minerals hin. Die Bezeichnung »Sphalerit« hingegen (griech. sphaleros = trügerisch) entstand aufgrund des metallischen Aussehens.

Heilwirkung

Körperlich: Die Zinkblende kann das Immunsystem, die Wundheilung sowie den Geruchs- und Geschmackssinn stärken und die Sehkraft fördern.
Sie soll Prostataleiden lindern und den Organismus vor Schadstoffen und Strahlung schützen. Ihr hoher Gehalt an Spurenelementen kann Verwachsungen an Organen und Knochen vorbeugen.
Seelisch: Die Zinkblende sorgt für mehr Konzentration und Lebensfreude.

Schutz vor Schadstoffen und Strahlung

▶ Der Stein wirkt über alle Chakren.

Zoisit

Farbe: grünlich mit blauschwarzen oder roten Einschlüssen (Rubin-Zoisit)

Fundort: Longido (Tansania)

Geschichte: Benannt ist dieser Stein nach den Mineraliensammler Siegmund Freiherr von Zois (1747–1819), dessen Mineralienhändler den Zoisit entdeckte.

Heilwirkung

Körperlich: Der Zoisit soll die Fruchtbarkeit unterstützen, Eierstocks- und Hodenerkrankungen lindern, die Übersäuerung neutralisieren, das Immunsystem kräftigen und die Regenerationskraft des Organismus stärken. Der Rubin-Zoisit soll außerdem die Potenz stärken. Der blaue Zoisit (Tansanit) hingegen kann Augenkrankheiten, chronische Kopfschmerzen sowie Depressionen lindern.
Seelisch: Dieser Heilstein unterstützt das Selbstwertgefühl. Er dient zur inneren Ausgewogenheit, zur Erholung und Entlastung.

Zoisite sollen die Fruchtbarkeit stärken

▶ Entfaltet der Zoisit seine Schwingungsenergie am besten über das Herzchakra, so wirkt der Rubin-Zoisit am stärksten über das Wurzelchakra.

Zum Nachschlagen

21. Januar bis 19. Februar

Planet: Uranus
Element: Luft
Farben: blau, metallisch

Heilsteine: Aquamarin, Azurit,
Chrysokoll, Fluorit, Mondstein,
blauer Topas, Türkis

20. Februar bis 20. März

Planet: Neptun
Element: Wasser
Farben: violett, blau

Heilsteine: Amethyst,
Fluorit, Mondstein,
Opal

21. März bis 20. April

Planet: Mars
Element: Feuer
Farben: rot, rötlich

Heilsteine: Carneol,
Granat, Hämatit,
Rhodochrosit,
Rhodonit, Rubin,
roter Jaspis

21. April bis 20. Mai

Planet: Venus
Element: Erde
Farben: Erdfarben, grün

Heilsteine: Achat, Chrysokoll,
Lapislazuli, Malachit, Rosen-
quarz, Saphir, Smaragd,
Turmalin

21. Mai bis 21. Juni

Planet: Merkur
Element: Luft
Farben: gelb, orange, grau

Heilsteine: Achat,
Bernstein, Chrysopras, Citrin,
Tigerauge

22. Juni bis 22. Juli

Planet: Mond
Element: Wasser
Farben: violett, silberfarbig

Heilsteine: Chalcedon,
Jade, Opal, Rhodochrosit,
Rosenquarz,
Smaragd

23. Juli bis 22. August

Planet: Sonne
Element: Feuer
Farben: weiß, gelb, goldgelb

Heilsteine: Achat,
Bergkristall, Diamant,
weißer Topas, Imperialtopas,
Tigerauge

23. August bis 22. September

Planet: Merkur
Element: Erde
Farben: beige, grün

Heilsteine: Achat,
Imperialtopas, Jaspis, Saphir,
Tigerauge

23. September bis 22. Oktober

Planet: Venus
Element: Luft
Farben: grau, blau, bläulich

Heilsteine: Aquamarin,
Jade, Jaspis, Lapislazuli,
Saphir, Smaragd,
blauer Topas

23. Oktober bis 21. November

Planet: Pluto, Mars
Element: Wasser
Farben: rot, rötlich, grün

Heilsteine: Achat, Granat,
Hämatit, Jaspis, Magnetit,
Malachit, Obsidian,
Rubin, Sardonyx

22. November bis 20. Dezember

Planet: Jupiter
Element: Feuer
Farben: dunkelblau, violett

Heilsteine: Amethyst, Lapislazuli,
Obsidian, Saphir, blauer Topas,
Türkis

21. Dezember bis 20. Januar

Planet: Saturn
Element: Erde
Farben: grau, schwarz

Heilsteine: Bergkristall,
Obsidian, Onyx, schwarzer
Turmalin

Spurenelemente und Heilsteine

Aluminium

Heilsteine   Achat, Amethyst, Chrysokoll, Citrin, Diamant, Granat, Hämatit, Heliotrop, Jade, Lapislazuli, Mondstein, Obsidian, Rosenquarz, Rubin, Saphir, Smaragd, Türkis

Indikation   ▶ Infolge der Anregung des basischen Stoffwechsels durch das Aluminium setzen Heilsteine mit diesem Mineralstoff die Übersäuerung herab und lindern damit Gicht und Rheuma. Sie unterstützen die Aufnahme von Eisen im Darm und kräftigen das Nervensystem. Aluminium beruhigt, reduziert Nervosität, Ängste und Schuldgefühle und aktiviert den Sinn für Wahrheit und Realität, Nüchternheit und Gewandtheit.

Beryllium

Heilsteine   Aquamarin, Smaragd

Indikation   ▶ Edelsteine mit Beryllium helfen bei rheumatischen Krankheiten. Sie regulieren Hormonstörungen und vermindern Allergien, Geschwüre und Ekzeme. Beryllium steigert unsere Konzentrationsfähigkeit und Wahrnehmung, unsere Disziplin und Ausdauer.

Blei

Calcit   **Heilsteine**

▶ Bleihaltige Heilsteine reduzieren   **Indikation**
Schwermetall-Vergiftungen und erleichtern daraus resultierende Krankheiten im Bereich des Magens, Darms, der Nerven und des Blutes. Zudem aktiviert Blei die Vitalität, führt uns aus selbstgesetzten Zwängen und unterstützt unser Pflichtbewußtsein und unsere Ausgeglichenheit.

Bor

Turmalin   **Heilsteine**

▶ Mineralien mit Bor greifen bei   **Indikation**
Krankheiten im Bereich von Darm und Magen ein, lindern Erbrechen, Krämpfe, Durchfall und Übelkeit. Durch die auflösende Wirkung von Bor fördert dieses Spurenelement die Entspannung der Organe und des Nervensystems. Zudem schenkt Bor Ausgeglichenheit, Vertrauen und Harmonie.

Calcium

Achat, Amethyst, Calcit, Chrysolith, Citrin, Flourit, Granat, Labradorit, Lapislazuli, Magnesit, Malachit, Obsidian, Opal, Prasem, Turmalin, Unakit   **Heilsteine**

▶ Besonders umfangreich ist die   **Indikation**
Wirkung von Calcium im Bereich der Eiweiß-, Enzym- und Hormonbildung sowie des Zellstoffwechsels.

Chlor

Heilsteine   Fluorit, Lapislazuli

Indikation   ▶ Chlor bewirkt eine Blutdrucker-
höhung, vermindert damit die Gefahr
von Schwächeanfällen, fördert die
Entwässerung, Entschlackung und
Verdauung. Heilsteine mit Chlor lindern Streß- und Angstbeschwerden,
spenden Ruhe und Optimismus.

Chrom

Heilsteine   Chrysolith, Diamant, Hämatit, Rubin,
Smaragd, Topas

Indikation   ▶ Chrom reguliert die Insulinaus-
schüttung. Damit reduziert dieses
chemische Element die Gefahr von
Zuckerkrankheit. Zudem aktiviert es
den Fettstoffwechsel und verhindert
damit einen zu hohen Cholesterin-
spiegel. Chrom erweist sich auch als
Hilfe bei Organentzündungen, so bei
den Nieren, dem Darm, der Leber,
dem Herzen und Magen. Chrom setzt
den Entgiftungsprozeß in Gang und
lenkt den Energie- und Wärmehaus-
halt im Körper. Chrom ist der Grundstoff für Ruhe und Erholung, für
Selbstbesinnung und Ausbildung der
eigenen Persönlichkeit.

Eisen

Heilsteine

Achat, Amethyst, Apophyllit, Calcit,
Carneol, Chrysokoll, Citrin, Granat,
Heliotrop, Hämatit, Jade, Jaspis,
Labradorit, Lapislazuli, Magnesit,
Magnetit, Malachit, Mondstein, Mo-
qui-Marbles, Obsidian, Onyx, Opal,
Pyrit, Rosenquarz, Saphir, Tigerauge,
Topas, Türkis, Unakit

Indikation

▶ Heilsteine mit Eisen unterstützen
die Bildung von roten Blutkörperchen, Hämoglobin, und die Aufnahme von Eisen im Darm. Damit fördern sie den Sauerstofftransport im
Blut und wirken so Kraftlosigkeit und
Erschöpfung entgegen. Zusätzlich entwickeln sie Kräfte zur Stärkung des
Immunsystems. Eisen ruft in uns
verstärkt Vitalität, Aktivität, Dynamik,
Willenskraft und Begeisterungsfähig-
keit hervor.

Fluor

Heilsteine

Apophyllit, Fluorit, Topas, Türkis,
Turmalin

Indikation

▶ Fluorhaltige Heilsteine erhöhen
die Stabilität der Zähne und Knochen,
vermindern Gelenkschmerzen, rege-
nerieren Haut und Schleimhäute und
vitalisieren das Nervensystem. Zudem
spendet Fluor geistige Mobilität,
Lernfähigkeit und Konzentration.

Gold

Heilstein   Pyrit

Indikation   ▶ Gold hilft bei Drüsenbeschwerden und Erkrankungen der Geschlechtsorgane, unterstützt die Leistungsfähigkeit des Kreislaufes und bewirkt eine Linderung von Gewebs- und Knochenschäden. Darüber hinaus unterstützt Gold Gedanken, die aus Engpässen, Depressionen und Ängsten hinausführen. Dieser Grundstoff schenkt Selbstvertrauen und regt die Sexualität an.

Kalium

Heilsteine   Apophyllit, Aquamarin, Labradorit, Mondstein, Obsidian, Smaragd

Indikation   ▶ Kalium unterstützt die Nierenfunktion, aktiviert den Herzmuskel, die Zirbeldrüse und regt den Transport der Nährstoffe zu den Zellen an. Zudem fördert Kalium die Selbstbestimmung.

Kobalt

Heilsteine   Calcit, Chrysolith, Pyrit

Indikation   ▶ Kobalt ist für die Bildung der roten Blutkörperchen im Knochenmark, für die Eisenaufnahme im Dünndarm verantwortlich. Heilsteine mit diesem Grundstoff drängen uns zu mehr Abwechslung und neuen Erfahrungen. Sie wecken in uns Lebensglück und Neugier.

Kupfer

Azurit, Chrysokoll, Dioptas, Malachit, Türkis, Pyrit   **Heilsteine**

Indikation

▶ Wie Kobalt unterstützt auch Kupfer die Eisenaufnahme im Dünndarm. Es fördert die Bildung von Enzymen, Hämoglobin, aber auch die Reifung der weiblichen Geschlechtsorgane. Häufig wird dieses chemische Element bei Menstruationsbeschwerden eingesetzt. Kupfer aktiviert auch die Leber und das Gehirn, wirkt entgiftend, entzündungshemmend und fiebersenkend und fördert Sinnlichkeit, Sexualität und Phantasie.

Lithium

Amethyst, Aquamarin, Citrin, Smaragd   **Heilsteine**

Indikation

▶ Lithium wirkt blutdrucksenkend, nervenberuhigend und lindert so Ischiasschmerzen und Neuralgien. Er baut Cholesterin und Rückstände in den Gefäßen und Gelenken ab. Dadurch kommt es zur Reduzierung von Gicht, Rheuma und Nierenkrankheiten. Darüber hinaus fördert er das Selbstwertgefühl, die Konzentrationsfähigkeit und das Erinnerungsvermögen.

Magnesium

Calcit, Citrin, Chrysolith, Granat, Hämatit, Heliotrop, Islandspat, Jade, Magnesit, Opal, Rosenquarz   **Heilsteine**

Indikation   ▶ Vor allem wirkt Magnesium muskelentspannend und hebt Blockaden auf. So lindert Magnesium Migräne, starke Kopfschmerzen, Magen- und Darmkrämpfe. Ebenso erhöht es die Leistungsfähigkeit des Herzmuskels, die Härte der Knochen und unterstützt den Eiweiß-, Kohlehydrat- und Fett-Stoffwechsel. Magnesium schützt auch vor Gefäß- und Gewebsverkalkung.

Heilsteine mit Magnesium nehmen uns Ängste und Nervosität, sorgen für Entspannung, Ruhe und Belastbarkeit.

Mangan

Heilsteine   Achat, Calcit, Chrysolith, Diamant, Granat, Heliotrop, Jade, Magnesit, Rosenquarz, Topas

Indikation   ▶ Manganhaltige Mineralien kräftigen das Immunsystem und regen die Entgiftungsenzyme an. Durch die Stimulierung der Geschlechtsorgane fördert Mangan auch die Fruchtbarkeit. Zudem kräftigt es das Herz und senkt den Blutzuckerspiegel. Mental schenkt Mangan Gefühlswärme, Vertrauen und Liebe und hemmt Aggressivität und Zorn.

Natrium

Heilsteine   Amethyst, Apophyllit, Citrin, Jade, Labradorit, Lapislazuli, Mondstein, Obsidian, Rosenquarz, Smaragd, Turmalin

Indikation   ▶ Zur Steuerung des Wasser- und Säure-Basen-Haushalts, Erhöhung des Blutdrucks, Kreislaufs und Stoffwechsels, zur Aktivierung der Nieren und Verminderung von Schwindelgefühlen eignet sich das Natrium. Es verhilft zu mehr Standfestigkeit und Ausdauer.

Nickel

Heilsteine   Chrysopras, Chrysolith, Pyrit

Indikation   ▶ Durch die Aktivierung der Leber sorgt Nickel für die Entgiftung im Körper. Darüber hinaus hilft es, Eisen aufzunehmen und zu verwerten sowie Kopfschmerzen zu lindern. In mentaler Hinsicht schenkt Nickel Selbstvertrauen und unterstützt uns beim Abbau von Trauer, Angst und Streß. Zudem erhöht es unsere Schöpfungskraft.

Phosphor

Heilsteine   Chrysokoll, Hyazinth, Türkis

Indikation   ▶ Phosphor steigert die Wiederherstellung aller Organe, Zellen und Gewebe und stärkt Knochen und Zähne. Dieser Grundstoff stimuliert die Nerven und das Gehirn. Ohne Phosphor wäre Wachstum, Muskelkraft, Sinneswahrnehmung und Wärmeproduktion im Körper ausgeschlossen. Es mildert Erkrankungen im Bereich der Ohren, Augen und des Geruchsinns. Auf geistiger Ebene spendet Phosphor Kraft, Offenheit, Vitalität und Hoffnung.

Sauerstoff

Heilsteine Achat, Amethyst, Azurit, Bergkristall, Carneol, Chalcedon, Chrysopras, Heliodor, Heliotrop, Herkimer-Diamant, Hyazinth, Jaspis, Malachit, Onyx, Opal, Rosenquarz, Rubin, Saphir, Smaragd, Tigerauge

Indikation ▶ Sauerstoffhaltige Heilsteine erhöhen die Verbrennungsvorgänge im Körper. Sie dienen als Energiespender für alle Organe, Gewebe und Zellen und regen den Stoffwechsel an. Mental schenkt dieses Grundelement Frische, Schöpfungskraft und Flexibilität.

Schwefel

Heilsteine Bernstein, Lapislazuli, Pyrit, Schwefel

Indikation ▶ Als Bauelement von Hormonen, Enzymen und Eiweiß ist Schwefel für das Wachstum der oberen Hautschicht, der Nägel und Haare zuständig. Schwefelhaltige Mineralien zeigen daher Heilwirkungen bei Pilzerkrankungen, Schuppenflechte und Hauterkrankungen. Die entgiftende Eigenschaft von Schwefel führt zur Linderung von Rheuma, Gicht und Lebererkrankungen. Schwefel dringt tief in unser Inneres, deckt verborgenes Bewußtsein auf und hilft bei Verwirrungen und unerfüllbaren Wünschen.

Silber

Pyrit   **Heilstein**

▶ Silberhaltige Edelsteine kühlen   **Indikation**
den Organismus, heben Blockaden auf und lindern so Schmerzen. Zudem fördert Silber die Sehkraft, die weibliche Fruchtbarkeit und hemmt Gleichgewichtsstörungen. Mental fördert Silber unsere Vorstellungskraft, Geselligkeit und menschliche Wärme.

Silicium

Apophyllit, Aquamarin, Bergkristall,   **Heilsteine**
Carneol, Chalcedon, Chrysokoll, Chrysolith, Chrysopras, Diamant, Dioptas, Hämatit, Heliotrop, Hyazinth, Jaspis, Labradorit, Lapislazuli, Mondstein, Obsidian, Onyx, Opal, Rosenquarz, Sardonyx, Smaragd, Tigerauge, Topas, Turmalin

▶ Knochen, Haare, Nägel und das   **Indikation**
Bindegewebe können mit Silicium vor Krankheiten und Mißbildung geschützt werden. Zudem unterstützt Silicium die Funktion der Lunge, Milz und der Lymphknoten. Es beugt Erkältungskrankheiten und Fehlfunktionen im Stoffwechselbereich vor. Ebenso ist es zur schnelleren Wundheilung und Verminderung der Narbenbildung einzusetzen. Auf geistiger Ebene entfaltet Silicium seine Kräfte gegen Erschöpfungszustände und Angstgefühle.

Strontium

Heilsteine Calcit, Diamant, Labradorit, Zoisit

Indikation ▶ Strontiumhaltige Mineralien lösen Gefäßverengungen und Verhärtungen in den Organen, im Gewebe und in den Zellen. Mental schenkt Strontium Weite, Hoffnung und Zuversicht.

Titan

Heilsteine Chrysolith, Diamant, Granat, Hämatit, Rosenquarz, Rubin, Saphir

Indikation ▶ Über die Muskeln und Knochen fördert Titan gesundes Wachstum. Es lindert Erkältungskrankheiten, Lungen- und Nierenentzündungen. Titanhaltige Heilsteine muntern auf und nehmen uns Gefühle der Angst, Unterdrückung und Erfolglosigkeit. Sie stützen die Sexualität und sorgen für ein erfülltes Leben.

Vanadium

Heilstein Zoisit

Indikation ▶ Das Vanadium als Reizgift lindert Entzündungen in den Augen, auf der Haut sowie im Bereich der Atemwege. Zusätzlich sorgt Vanadium für Offenheit und nach außen gerichtetes, konstruktives Verhalten.

Wismut

Heilstein Boji

▶ Bei Verletzungen und Wundheilung ist Wismut mit seiner desinfizierenden Wirkung besonders gut geeignet. Da wismuthaltige Edelsteine bei der Wiederherstellung von Schleimhäuten hilfreich sind, beugen sie Gastritis und Magengeschwüren vor. Wismut hemmt Schwermütigkeit, Einsamkeit und psychische Blockaden. **Indikation**

Zink

Pyrit, Schalenblende **Heilsteine**

▶ Das insulinfördernde Zink sollte bei beginnender Diabetes eingesetzt werden, aber auch zur Stärkung des Immunsystems. Es aktiviert die männlichen Geschlechtsorgane, lindert zugleich Prostataleiden und stärkt das Gehirn sowie die Sinneswahrnehmung. Zink bewahrt den Organismus vor Strahlen. Schlechter Schlaf, Erschöpfung, Angstzustände und Konzentrationsmangel sind Symptome, die Zink lindert und bisweilen aufzulösen vermag. **Indikation**

Zinn

Schalenblende **Heilstein**

▶ Zinn harmonisiert das Großhirn und das Nervensystem. Damit beugt es Lähmungen und chronischen Erkrankungen im Hals-Nasen-Ohren-Bereich vor. Es lindert Lebererkrankungen und Gallenkolliken. Zinnhaltige Heilsteine aktivieren Vertrauen, Großzügigkeit, Mut, Geselligkeit und Enthusiasmus. **Indikation**

Im folgenden, alphabetisch geordneten Register wurden jeder Befindlichkeit ein oder mehrere Steine zugeordnet, die Sie bei Bedarf einsetzen können. Sie werden hier auch Steine finden, die nicht im Kapitel »Heilsteine von A–Z« besprochen wurden, da Sie ja auch schon andere Heilsteine besitzen könnten oder Ihr Sortiment nach und nach erweitern möchten.

A

Abgespanntheit	Heliotrop
Ablagerungen	Türkis, Bergkristall
Abnehmen	Bergkristall, Goldfluß, Magnesit, roter Jaspis, Rubin, Smaragd, Verdilit
Aggressivität	Apatit, Heliotrop, Moqui-Marbles, Nephrit
Akne	Amethyst,
Allergien	Apophyllit, Aquamarin, Bernstein, Fluorit, Hyazinth, Landschaftsjaspis, Mahagoniobsidian, Sternenachat
Ängste	Aquamarin, Coelestin, Jade, Lapislazuli, schwarzer Opal
Artereosklerose	Boulderopal, grüner Turmalin, Schneeflockenobsidian
Arterienverkalkung	Aquamarin, Boulderopal, Chalcedon, roter Turmalin,
Arthritis	Bernstein, Granat, Islandspat, Turmalin
Arthrose	Bernstein
Asthma	Apophyllit, Aquamarin, Falkenauge, Malachit
Atemprobleme	Apophyllit, Heliotrop, Hyazinth, Imperialtopas, Pietersit, Tigerauge
Atemwegsentzündungen	Amethyst, Chalcedon, Pyrit, Türkis
Augenentzündung	Apophyllit, Aquamarin, Bergkristall, Chalcedon, Dioptas, Falkenauge, Malachit, Onyx, Saphir

B

Bandscheibenprobleme	Bergkristall, Calcit, Diamant, Islandspat, Malachit, Tigerauge
Bauchschmerzen	Bernstein, Heliotrop
Bauchspeicheldrüse	Amethyst, Citrin, gelber Jaspis, Granat, grüner Turmalin, Magnetit, Mondstein, Regenbogenobsidian, roter Jaspis
Bindegewebe, schwaches	blauer Topas, Jade
Bindehautgewebe	Sarder, Sternenachat
Blase aktivierend	blauer Turmalin
Blasenbeschwerden	Fluorit, Magnetit, roter Jaspis
Blaue Flecken	Amethyst

Blinddarmentzündung	Citrin, Schneeflockenobsidian
Blut	Carneol, Heliotrop, Rosenquarz, Rubin
Blutarmut	Amethyst, Granat, grüner Turmalin, Moqui-Marbles, Rubin, Smaragd
Blutergüsse	Amethyst
Blutungen	Carneol, Hämatit
Blutgefäße	Bergkristall, Rubin
Blutgerinnung	Blauer Topas, Prasem
Blutentgiftung	Carneol, Dioptas, grüner Turmalin
Blutzucker	Amethyst, Magnetit, Mondstein, Rubin
Brandwunden	Chrysokoll
Bronchialbeschwerden	Chalcedon, Hyazinth, Pyrit
Brustbeklemmung	Pietersit
Bulimie	Goldfluß, roter Jaspis
Cholesterin	Aventurin, Magnesit
Depressionen	Apachentränen, Aquamarin, Bernstein, Botswana-Achat, grüner Turmalin, Imperialtopas, Magnesit, Onyx, Pyrit, Rosenquarz, Sardonyx, Sternenachat
Diabetes	Citrin, Magnetit, Smaragd
Durchfall	Apachentränen, Goldfluß, gelber Jaspis, Sarder
Durchsetzungsvermögen	Chalcedon, Onyx
Eierstöcke	Chrysopras, grüner Turmalin, Mondstein, Regenbogenobsidian, Rosenquarz
Eisenmangel	Heliotrop, Moqui-Marbles
Entgiftung	Carneol, Chrysopras, Citrin, gelber Jaspis, Hämatit, Magnesit, Malachit, Rosenquarz, schwarzer Turmalin, Türkis
Entschlackung	Bergkristall, Chrysopras, Hämatit, Malachit, Onyx, roter Jaspis, Saphir
Entspannung	Diamant, grüner Turmalin, Unakit
Entzündungen	Apachentränen, Opal, Granat, Herkimer Diamant, Lapislazuli, Mahagoniobsidian, Sardonyx, Türkis
Erkältungen	Aquamarin, blauer Topas, Imperialtopas
Erschöpfung	Imperialtopas, Opal, Rubin, Türkis
Fettpolster abbauend	Goldfluß, Pyrit, Rubin
Flechten	Bernstein, Islandspat
Freude spendend	Coelestin, Imperialtopas, Jade, Smaragd Sternenachat

Frische spendend	Hämatit
Frösteln	Schneeflockenobsidian
Frustrationen	Pyrit
Gallenblase	Saphir
Gallensteine	Diamant, Jade, Leopardenjaspis
Geburtshilfe	Heliotrop, Magnesit, Malachit
Gedankenkonzentration	Saphir
Gelenksabnutzung	Orangencalcit
Gelenksentzündung	Bernstein, Fluorit, Malachit, schwarzer Turmalin
Gelenkrheuma	Smaragd, Tigerauge
Geschlechtskrankheiten	Dioptas, Rosenquarz
Gewebedurchblutung	Rosenquarz
Gewichtsverlust	gelber Jaspis
Gleichgewichtsstörungen	Chalcedon, Diamant, grüner Turmalin, Onyx
Grippe	Aquamarin, Bernstein, grüner Turmalin, Heliotrop, Malachit, Schneeflocken- obsidian, Smaragd
Haarwachstum	Onyx
Hämorrhoiden	blauer Topas, Boulderopal, gelber Jaspis
Halsentzündungen	Aquamarin, blauer Topas, Chrysokoll
Harmonie	Amethyst, blauer Topas, grüne Jade, Labradorit, Mondstein, Onyx, roter Jas- pis, Sternenachat
Hauterkrankungen	Bergkristall, Bernstein, Calcit, Onyx, Rosenquarz, Sternenachat
Heiserkeit	Chalcedon, Lapislazuli
Hepatitis	Sarder, Sardonyx, Schneeflockenobsi- dian, Tigerauge
Herz beruhigend	Amethyst, Prasem, Sardonyx
Herz kräftigend	Boulderopal, Granat, Heliotrop, Impe- rialtopas, Prasem, Rosenquarz
Herzinfarkt vorbeugend	Boulderopal, Magnesit, Prasem
Herzmuskelentzündungen	Imperialtopas
Herzrhythmus regulierend	Granat, Heliodor, Rosenquarz
Heuschnupfen	Bernstein
Hexenschuß	Islandspat, Malachit, Tigerauge
Hormonhaushalt	Chrysokoll, Hyazinth
Humor	Wassermelonenturmalin
Husten	Chalcedon, Moosachat
Insektenstiche	Amethyst, Lapislazuli, Prasem

Inspiration	blauer Topas, Fluorit
Intuition	Fluorit, Imperialtopas,
Ischiasbeschwerden	Heliotrop, Magnetit, Malachit
Juckreiz	Saphir, schwarzer Turmalin
Karies	Islandspat, Orangencalcit, Türkis
Katarrhe	Aquamarin
Kehlkopfentzündung	Aquamarin, Chalcedon, Sodalith
Kiefergelenkentzündung	Tigerauge
Kleinhirn stärkend	Tigerauge
Kniegelenksentzündungen	Tigerauge
Knochen	Azurit, Diamant, Fluorit, Islandspat, Malachit, Smaragd, Tigerauge
Knochenentzündungen	Bernstein, Calcit, Labradorit, Rosenquarz, schwarzer Turmalin, Smaragd
Knochenhautentzündungen	Sarder
Koliken	Magnesit, Magnetit, Malachit, Rubin
Konzentration	Amethyst, Azurit, Fluorit, Heliotrop, Mahagoniobsidian, Saphir, Sarder, Sardonyx, Tigerauge
Kopfschmerzen	Bergkristall, Diamant, Dioptas, Lapislazuli, Magnesit, Pietersit, Smaragd, Tigerauge, violetter Fluorit
Krampfadern	Onyx
Krebs vorbeugend	Lapislazuli, Regenbogenobsidian, Smaragd, violette Jade
Kreislauf anregend	Carneol, Hämatit, Labradorit
Kreislauf beruhigend	Chrysopras, Malachit, Prasem
Lampenfieber	Chalcedon, grüne Jade
Lebensfreude	Apachentränen, Bernstein, Botswana-Achat, Carneol, Hämatit, Malachit, Mondstein, Onyx
Leberzirrhose	gelber Fluorit, Sardonyx
Liebeskummer	Chrysopras, Rosenquarz
Lungenentzündung	Hyazinth, Malachit, Pyrit
Lymphdrüsen aktivierend	Aquamarin, grüner Turmalin, Heliotrop, Lapislazuli, Mondstein
Lymphsystem anregend	Boulderopal, Hämatit, Magnetit, Rubin, weißer Topas
Magen aktivierend	Magnesit, Milchopal, Smaragd
Magengeschwür	Amethyst, Apachentränen, gelber Jaspis, Orangencalcit

Magersucht	Goldfluß, grüner Turmalin, Türkis
Mandelentzündung	blauer Topas, Goldfluß, Heliotrop
Menstruationsbeschwerden	Bergkristall, Mondstein, roter Turmalin, Rubin
Migräne	Amethyst, Falkenauge, grünlicher Flourit, Smaragd, Sternenachat, Tigerauge, violetter Flourit
Multiple Sklerose	Apophyllit, grüner Turmalin, Lapislazuli, Malachit, Rosenquarz, Smaragd
Muskelkater	Heliodor, Orangencalcit, schwarzer Turmalin
Muskelkrampf	Magnetit, Smaragd, schwarzer Turmalin
Mut fördernd	Apophyllit, Hämatit

Nägel — Islandspat, Onyx, Orangencalcit, roter Turmalin, Saphir

Narbenbildung	Chrysokoll, Prasem
Nebenhöhlenentzündung	Saphir, Smaragd
Nerven beruhigend	Chrysokoll, Chrysopras, Diamant,
Nervenentzündung	Bernstein, Heliotrop, Onyx, Pietersit, Smaragd, Tigerauge
Nervensystem beruhigend	Imperialtopas, Wassermelonenturmalin
Nervensystem – vegetativ	Heliodor, schwarzer Turmalin, Sternenachat
Nervensystem – zentral	Azurit, Sternenachat
Neuralgie	Lapislazuli, Saphir, Tigerauge
Neurodermitis	Chrysopras
Niedergeschlagenheit	Carneol, gelber Jaspis, Granat
Nierensteine	Diamant, grüne Jade, violette Jade

Ohrenentzündung — Chrysokoll, Onyx, Saphir

Ohrensausen	Heliotrop, Onyx, Orangencalcit
Organismus kräftigend	Goldfluß, Imperialtopas

Pickel — Amethyst, Bernstein, Carneol, Türkis

Pilze	Mahagoniobsidian, Onyx, Schneeflockenobsidian
Potenz	Chrysopras, Dioptas, Granat
Prostatabeschwerden	Chrysopras, Schalenblende

Quetschungen — Herkimer-Diamant, Prasem

Rachenentzündung — blauer Topas, Bernstein

Rachenerkrankung	Chalcedon
Rauchentwöhnung	Botswana-Achat
Raucherbein	Onyx, Schneeflockenobsidian
Reinigung des Körpers	Moqui-Marbles, Onyx
Rückenschmerzen	Bergkristall, Bernstein, Chrysokoll, Diamant, Islandspat
Ruhe spendend	Chrysokoll, Chrysopras, Coelestin, gelbe Jade
ruhiger Schlaf	Amethyst, Baumachat, Chalcedon
Salmonellenvergiftung	Goldfluß, grüne Jade
Sauerstoffmangel	Apophyllit, Chrysopras, Hämatit
Säure-Basen-Gleichgewicht	Manganocalcit, Labradorit
Scheuermannsche Krankheit	Islandspat, Tigerauge
Schilddrüse anregend	Azurit, Bernstein, Chrysokoll, Mondstein
Schlafstörung	Amethyst, Bergkristall, Carneol, Chalcedon, gelber Jaspis, Goldfluß, Heliotrop, Imperialtopas, Rosenquarz, Saphir, Sarder
Schnittwunden	Chrysokoll, Coelestin, Rhodonit
Schuldgefühle hemmend	Wassermelonenturmalin
Schuppen	Bernstein, Citrin
Schuppenflechte	Amethyst, Bernstein, Citrin, Saphir, Türkis
Schwangerschaft begleitend	Botswana-Achat, Chrysokoll
Schweißausbrüche	Goldfluß
Schweißbildung fördernd	Magnesit
Seele stärkend	Bergkristall, Citrinocalcit
Sehkraft stärkend	Smaragd
Sehnenscheidenentzündung	Heliotrop, Tigerauge
Selbstbewußtsein fördernd	Apophyllit, blauer Calcit, Pyrit, schwarzer Turmalin
Sensibilität fördernd	Bergkristall, Moqui-Marbles, roter Turmalin, Rubin
Sexualkraft erhöhend	Dioptas, Granat
sexuelle Störungen	Coelestin
Sodbrennen	Landschaftsjaspis, Saphir
Sonnenbrand	Amethyst, Apachentränen, grüne Jade, Lapislazuli, Magnetit, Onyx, schwarzer
Stiche	Amethyst, Lapislazuli, Sardonyx
Stoffwechsel stärkend	Amethyst, blauer Turmalin, Citrin, Granat, Milchopal, Mondstein
Stoffwechselerkrankung	Citrin, Smaragd
Strahlenerkrankungen	schwarzer Turmalin, Rosenquarz
Streß	Amethyst, Chrysokoll, Smaragd

Thrombose	blauer Topas, Rosenquarz, Rubin
Thymusdrüse anregend	Aquamarin, Smaragd, gelber Jaspis
Trigeminusnerventzündung	Apophyllit
Tumore	Apophyllit, Herkimer-Diamant, Magnetit, Saphir, Sarder
Übelkeit	Chrysokoll, Orangencalcit, grüne Jade, roter Jaspis, Sarder, Topas
Überlastung nervlich	Sardonyx
Übersäuerung	Apachentränen
Unterleibsbeschwerden	Bergkristall, Carneol, Citrin, Unakit
Venenentzündung	blauer Topas, Boulderopal,
Verbrennungen	grüne Jade, Prasem
Verdauung anregend	Citrin, Magnesit, Saphir, Unakit
Verdauungsbeschwerden	Apachentränen, Bergkristall, Carneol, Chrysokoll, Citrin
Vergiftungen	Sardonyx, Chrysopras
Verspannungen	Amethyst, Chrysokoll, Obsidian
Vitalität	Carneol, Citrin, gelber Flourit, grüne Jade, Hämatit, Heliotrop, Herkimer-Diamant, Rosenquarz, Sternenachat
Wadenkrämpfe	Heliotrop
Widerstandskraft fördernd	Herkimer-Diamant, Onyx, Sternenachat
Windpocken	Schneeflockenobsidian
Zähne kräftigend	Flourit, Islandspat, Türkis, Wassermelonenturmalin
Zahnen	Bernstein, Türkis
Zahnfleisch stärkend	Türkis
Zahnfleischbluten	Carneol, Wassermelonenturmalin
Zahnhälse schmerzend	Türkis
Zuckerkrankheit vorbeugend	Chalcedon, Citrin
Zufriedenheit fördernd	Coelestin, grüne Jade, grüner Turmalin, Heliotrop, Magnesit, Moqui-Marbles, roter Jaspis, Smaragd

Adressen, die weiterhelfen

Tips für Seminare und Schulungen
Cairn Elen, Lebensschule
Lustnauer Str. 18
72127 Kusterdingen
Internet: http://www.cairn-elen.de

Hofmann, G. Helmut
Aquamarina-Oceano
E-38240 Punta del Hidalgo
Teneriffa

Steinheilkunde e.V.
Unterer Kirchberg 23/1
D-88273 Fronreute
E-mail: info@steinheilkunde-ev.de

Steinheilkunde-Ausbildung
Dr. Ing. Hans-Dieter Nowak
Neumarkterstr. 86 b
D-81673 München

Bezugsquelle für Edelstein-Elixiere
Methusalem-Verlagsgesellschaft
Max-Eyth-Straße 39
89231 Neu-Ulm

Bücher, die weiterhelfen

Allgemeine Hinweise zu Edelsteinen, Mineralien und Metallen
Gienger, Michael u.a., *Mineralienkarten*, Ludwigsburg 1994.
Graf, Bernhard, *Zauber edler Steine, Kunst, Macht und Magie*, München, London, New York 2001.
Harder, Hermann, Gierth, Eike, *Lexikon für Mineralien- und Gesteinsfreunde*, München 1986.
Hochleitner, Rupert: GU *Edelsteine und Schmucksteine kennenlernen leicht gemacht*, München 2002.
Hochleitner, Rupert, Weiß,Stephan, *Lapis Mineralienverzeichnis, Alle Mineralien von A-Z und ihre Eigenschaften*, München 2002.
Wimmenauer, Wolfhard, *Zwischen Feuer und Wasser, Gestalten und Prozesse im Mineralienreich*, Stuttgart 1992.

Literatur zur Heilsteinkunde
Bind-Klinger, Anita, *Die Antwort des Herzens, Meditationen und Edelsteine zur Heilung des Herzens*, Grafing 1994.
Bourgault, Luc, *Ganzheitliche Edelsteintherapie, Wissen nach indianischer Tradition*, Freiburg im Breisgau 1999.
Gienger, Michael, Blersch, Ines, *Die Steinheilkunde, Ein Handbuch*, Saarbrücken 2000.
Gienger, Michael, Dengler, Wolfgang, *Lexikon der Heilsteine, Von Achat bis Zoisit*, Fulda 2000.
Markham, Ursula, *Universelle Kräfte der Edelsteine und Kristalle*, München 1993.
Richardson, Wally und Jenny, *Die geistigen Heilkräfte der Edelsteine*, München 1997.
Schwarz, Aljoscha, Schweppe, Ronald, *GU-Kompaß Heilende Edelsteine*, München 1999.

Zur Heilsteinkunde Hildegards von Bingen
Portmann, Marie-Louise (Hg.), *Hildegard von Bingen, Heilkraft der Natur – "Physica"*, Freiburg, Basel, Wien 1997.
Storch, Walburga (Hg.), Scivias, *Wisse die Wege, Eine Schau von Gott und Mensch in Schöpfung und Zeit*, Freiburg 2000.
Thomsen, Evelyn, *Hildegard von Bingen, Heilsteine, Für Körper, Geist und Seele*, Weyarn 1998.

Zu Edelsteinelixieren
Gurudas, Samant, *Heilung durch die Schwingung der Edelsteinelixiere I und II*, Neuhausen 1989/90.
Martin, Katrin, Fröhling, Thomas, *Katma-Edelsteinessenzen*, München 1997.

Sachregister

Das Original mit Garantie

IHRE MEINUNG IST UNS WICHTIG. Deshalb möchten wir Ihre Kritik, gerne aber auch Ihr Lob erfahren, um als führender Ratgeberverlag für Sie noch besser zu werden. Darum: Schreiben Sie uns! Wir freuen uns auf Ihre Post und wünschen Ihnen viel Spaß mit Ihrem GU-Ratgeber.

UNSERE GARANTIE: Sollte ein GU-Ratgeber einmal einen Fehler enthalten, schicken Sie uns bitte das Buch mit einem kleinen Hinweis und der Quittung innerhalb von sechs Monaten nach dem Kauf zurück. Wir tauschen Ihnen den GU-Ratgeber gegen einen anderen zum gleichen oder ähnlichen Thema um.

Ihr Gräfe und Unzer Verlag
Redaktion Gesundheit
Postfach 86 03 25
81630 München
Fax: 089/41981-113
e-mail: leserservice@
graefe-und-unzer.de

Impressum

Redaktionleitung
Doris Birk
Redaktion
Angela Hermann-Heene
Lektorat und Satz
Silke Heuer, München
Umschlaggestaltung
independent Medien-Design
Innenlayout
Heinz Kraxenberger
Produktion
Ina Hochbach
Lithos
PHG, München
Druck/Bindung
Auer, Donauwörth

Fotos
Kai Stiepel

weitere Fotos
Bavaria: U1; Bilder Pur/Oswald Eckstein S. 11; Focus S. 17 (Feueropal), 24; Ifa/Tschanz S. 17 (Aventurin); Rupert Hochleitner S. 17 (Brilliant), 18 (Chrysopras, Türkis, Sodalith); Mike Masoni S. 15; Mauritius S. 6/7, 9; Zefa/Boddenberg S. 78/79; Zefa/ Fichte S. 17 (Rosenquarz); Zefa/Tschanz S. 18 (Jaspis)

ISBN: 3-7742-3743-3
Auflage 7. 6.
Jahr   2004 03

Ein Unternehmen der
GANSKE VERLAGSGRUPPE

Wichtiger Hinweis

Die in diesem Buch beschriebenen Heilsteine können unterstützend eingesetzt werden, um körperliche und psychische Beschwerden zu lindern. Sie sind besonders geeignet, um das allgemeine Wohlbefinden zu steigern. Selbstverständlich sollten Sie bei Beschwerden jeglicher Art zuerst Ihren Arzt oder Heilpraktiker zu Rate ziehen, bevor Sie sich selbst behandeln. Heilsteine sind kein Ersatz für Medikamente, die vom Arzt oder Heilpraktiker zur Behandlung spezifischer Krankheiten verordnet werden.